世界に1つ
あなただけの
「魔法の言葉」

Only one in the World.
The magic word just for you.

Harmony
佐藤由美子

フォレスト出版

自己啓発の本を何冊も読んだり、
たくさんのセミナーに行ったりしてきた。
少しは変わったかもしれない。
でも……この「なんだか足りない」と思う気持ちの
正体はいったい何だろう？

心の底から満たされたい。
誰かと比べたり、
世間でいわれる成功に振り回されたりするのではなく、
自分自身が心から満足する人生を生きたい。

あなたの心の「ゼロ地点」を見つけましょう。
あなたの心に響く
「魔法の言葉」を見つけましょう。

ゆっくり、確実に、あなたの心の器が満たされて
幸せが広がっていくでしょう。
すると、あなたの願いは、いつの間にか
叶っていることに気づくでしょう。

この本は
あなたの人生を変える「魔法の言葉」について
書かれています。

はじめに

みなさん、はじめまして！　ハーモニーこと、佐藤由美子と申します。

あなたはこんなふうに思ったことはありませんか？

「一生懸命頑張っているのに、いまひとつ結果が出ない……」
「私にはもっとピッタリの仕事があるはず。でも何が向いているのかわからない……」
「どうしたら、ありのままの自分を受け入れてくれる人に出会えるのだろう……」
「今より素晴らしい人生があるはず。でも何から手をつければいいのか……」

今の自分には何か足りない……もっと自分らしい幸せのカタチがあるはずなのに、その実現方法がわからない。

何とかして、この現状を変えたい!

あなたはそう強く願っているのではないでしょうか?
そして、書店に並んでいる、様々な「夢を叶える」「人生を変える」といった書籍を手にしたり、色々な方法を実際に試してきたりしたかもしれませんね。

実をいうと、かつての私もそうでした。

「目標を達成したい!」「夢を叶えたい!」と思って、プラス思考や成功哲学に関連する書籍をたくさん読んできましたし、試してもきました。
叶うこともありましたが、本のとおりに実践しても、叶わない願いもありました。
しかし、あるときを境に、願いがどんどん叶うようになったのです。

当時、私は35歳でした。無職で無収入で、貯金も数万円。「弁護士になりたい!」と長年勉強していましたが、同級生との競争の毎日に神経をすり減らし、睡眠薬を飲んでやっと眠りにつく始末。心と体は悲鳴を上げ、私は、弁護士の道をあきらめました。
目標を見失った私は、途方に暮れました。

一体これからどうしたらいいのだろう……？

しかし、今振り返ると、そのときが、私の人生を変える第1歩となる瞬間でした。

会社勤めの経験もなく、社会人経験のない私でしたが、今では天職に巡り合え、自分の才能を生かして、満ち足りた生活をしています。

「願いを叶えたい」「人生を変えたい」と望む2000人を超える方々を対象に、コンサルティングを行い、セミナーや講座を主宰し、講師を務めています。

おかげさまで、「目標の年収を突破した」「希望する職に就けた」「念願の恋人ができた」など、「願いが叶った」「人生が変わった」という報告を数多く受けています。

私は、願いを叶え、人生を変えていくには、Step1からStep5の5つの段階を経る必要があると考えています。

左ページの二次曲線をご覧ください。

なかでも私が重要だと考えているのは、Step1からStep3で、それらに着実に取り組めば、ほぼ自然にStep4の段階に入ることができます。

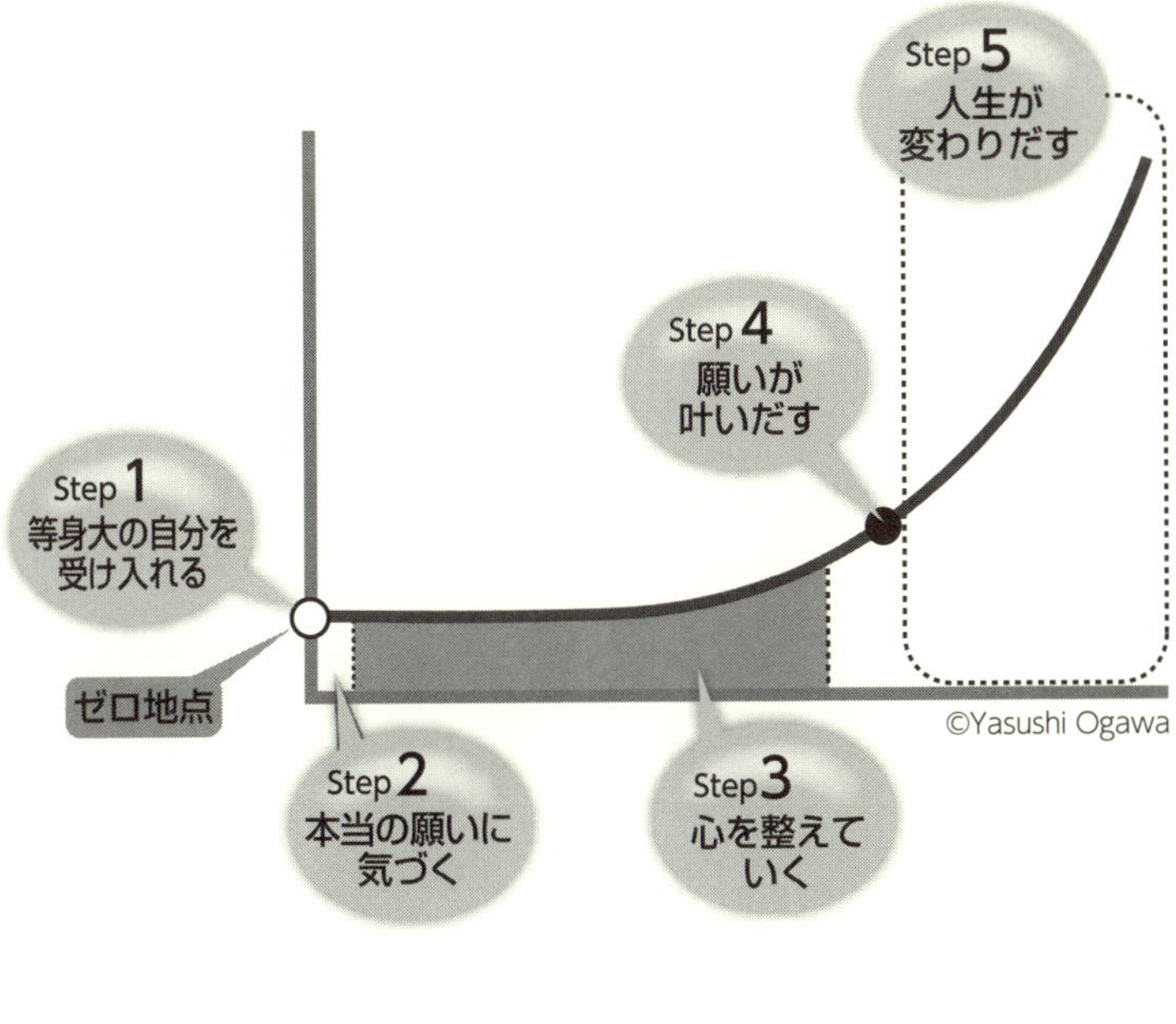
Step 5
人生が
変わりだす
Step 4
願いが
叶いだす
Step 1
等身大の自分を
受け入れる
ゼロ地点
©Yasushi Ogawa
Step 2
本当の願いに
気づく
Step 3
心を整えて
いく

世の中でいわれている、「成功法則」「願い実現」「引き寄せの法則」といったもののほとんどは、私の手法でいうところのStep4以降について述べています。

Step1からStep3に取り組まずに、「成功法則」「願い実現」「引き寄せの法則」といったものが効果を発揮することはありません。

Step1からStep3で具体的に何をするのかは、本文にゆずるとして、ここでは、「カーナビに目的地を入力する行為とほぼ等しい」とだけお伝えしましょう。

何事も最初の設定が肝心。

あなたの人生を変える魔法をかけるための、「設定」が必要なのです。

そしてその設定は、世界にひとつだけ、あなただけの「魔法の言葉」を作ることで完成します。

さあ、あなたも、あなただけの「魔法の言葉」を作り、願いを叶え、人生を変えていく、第1歩を踏み出しましょう！

目次

Magic 3

自分の「本当の願い」に気づく

Magic 4

「魔法の言葉」ができるまで

Magic 5

自分の気持ちを知る「魔法の言葉」を作ってみよう～ワーク1

Magic 6

なぜ「魔法の言葉」が人生を変えるのか

Magic 1

「プラス思考」で願いは叶わない

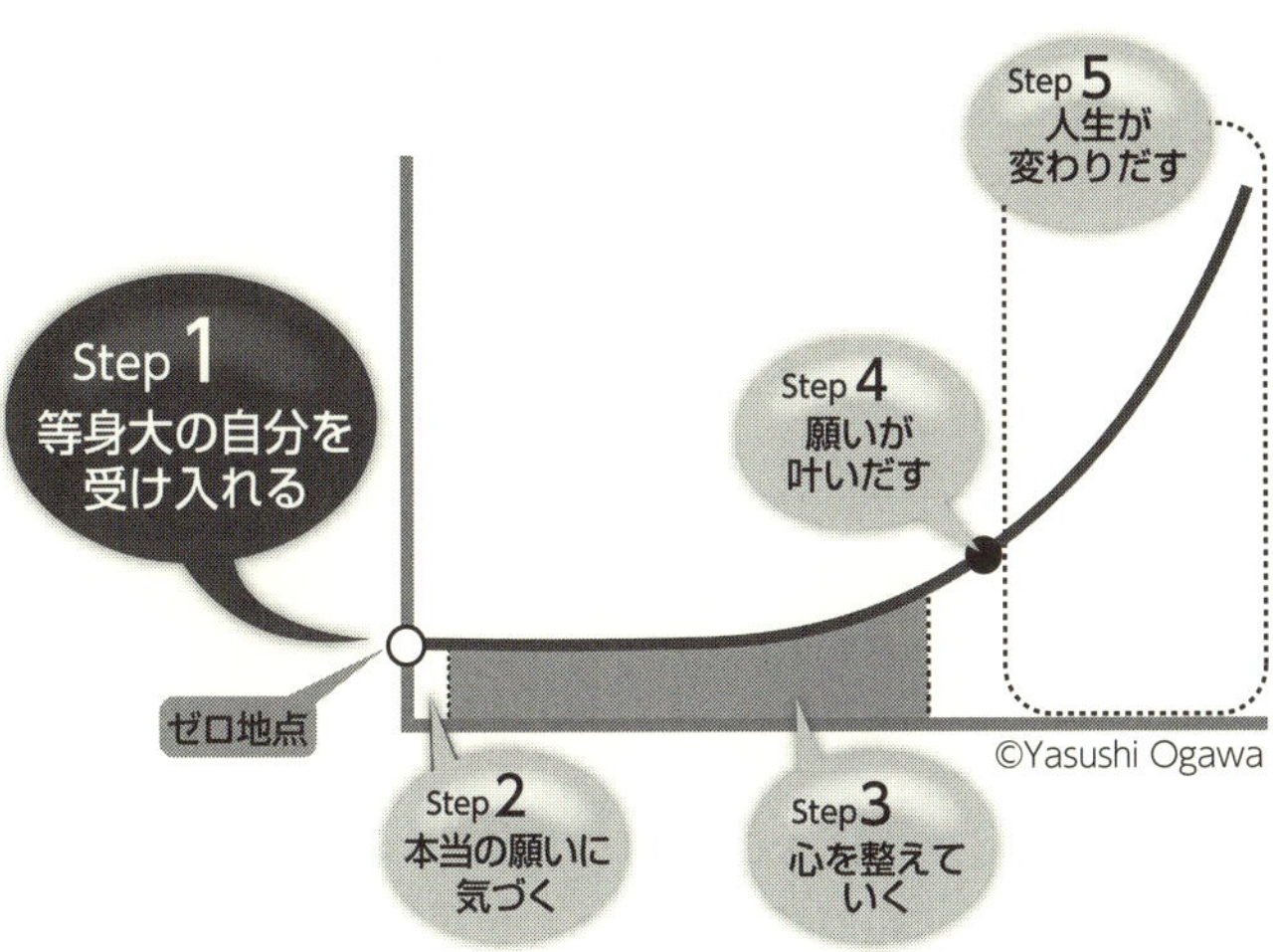

「魔法の言葉」を作る前に

この本は、あなたの願いを叶え、人生を変える「魔法の言葉」の作り方について書かれています。

しかし、いきなり魔法の言葉の作り方をお伝えすることはできません。

なぜなら、魔法の言葉を作るには、いくつかの段階を経る必要があるからです。

質問です。

あなたには今、叶えたい願いや、達成したい目標がありますか？

「月末までに○件の契約を取りたい」
「来年には年収を○万円にしたい」

「資格試験に合格したい」
「昇進したい」
「もっと自分の才能を生かせる仕事に就きたい」

こうした仕事やスキルアップなど自己実現に関する願いが、あなたの頭に思い浮かぶかもしれませんね。

「上司との関係をよくしたい」
「もっと周囲の人とオープンに付き合えるようになりたい」
「憧れの人とお付き合いしたい」
「来年には結婚したい」

あるいは、人間関係や恋愛についての願いが思い浮かぶかもしれません。

「車が欲しい」

「あのブランドの洋服が欲しい」
「マイホームが欲しい」

こうした「欲しいモノ」に関する願いを思い描く人もいるでしょう。

いずれにしても、きっと多くの方が「今よりもっと幸せになりたい！」という気持ちで、理想の状態を思い描くことでしょう。

さて、世の中には、たくさんの「願いが叶う方法」「成功法則」に関する情報が溢れています。それらをまとめると、一般的には「プラス思考」「ポジティブ・シンキング」などと呼ばれるものが多いように思います。

例えば次のような内容です。

- 願いが叶った状態を強くイメージし続けると現実になる
- いつも感謝の気持ちを忘れないようにするとよい
- ポジティブな言葉を使うとよい

・願いが叶った状態を断言する（例・私は来年、年収1000万円になります）
・「ありがとう」を一日に何度も唱えると、運がよくなる
・どんなときも笑顔でいることが大切

何かひとつでも聞いたことがあるでしょうし、実際にやってみたという方も多いでしょう。

私も実に15年以上、「プラス思考」を実践していました。

「プラス思考」を試した結果

ここで少しだけ、私の話をさせてください。

私は長い間、いわゆる「プラス思考」を好んで試してきました。

「こうなりたい」というイメージをありありと描くことも得意でしたし、「絶対に私

は○○を実現します」と唱えてもいました。

ときには「語尾は過去完了形にしないといけない。なぜなら、既に願いが叶ったと脳が勘違いするからだ」という説に「なるほど!」と納得し、「私は○○になりました」と唱え、ご丁寧にも、最後に「ありがとうございます」と感謝の気持ちを付け加えていました。

感謝の気持ちが願いの実現を促進する、という内容がどこかの本に書かれていたからです。

私は、書店に並ぶプラス思考に関連した本には、ほとんどすべて目を通したことがあるといってもいいでしょう。

いずれもプラスの言動を日常に意識的に取り入れることで、潜在意識に働きかけ、願いを叶えるといった趣旨のものです。

私が、こうした本や手法に興味を抱《いだ》いたのは、かなり昔のことです。そもそもは、願いを叶えるというより、「潜在意識を開発する」ということに関心がありました。

中学生の頃にはお小遣いを貯めて、通信教育で「記憶術」を学習したものです。寝ている間に、知識が潜在意識に刷り込まれるという睡眠学習が、私の好奇心を大いに刺激しました。

「人間は潜在能力の数パーセントしか使っていない」という記述を読み、「潜在能力をフル活用できたら、どんなことも思いどおりになるのではないか」と、ワクワクしたことをよく覚えています。

20歳前後の頃には、誘導瞑想の文章を自分で作り、叶えたい願いを「未来進行形」にして、紙に書いたこともありました。

そして、カセットテープに文章を録音して、寝る前に聞いたこともありました。

この方法は数年にわたり行い、願いが変わるたびに、原稿の内容を書き換えては、録音し直していました。

では、こんなにたくさん、プラス思考を取り入れ、潜在意識にまでアプローチしていて、私の人生は思いどおりになったのでしょうか？

重要なところですよね。

結果的に、叶った願いもあれば、叶わなかった願いもありました。

なかでも、「一番叶えたい」と願い、最も時間とお金をかけていたものが叶うことは、最後までありませんでした。

「プラスの言葉がいい、と聞いて実践してきたのに……」
「今までの努力は水の泡？」

そう思われる方もいるかもしれません。

「僕は、プラス思考を実践して願いが叶ったことがある」

「私だって、お付き合いしたい男性のタイプをイメージしていたら、そのとおりの彼と出会えました」

はい。そういう方もいらっしゃると思います。では、そういう方にお聞きします。その方法で、すべてうまくいきましたか？　すべての願いが叶いましたか？

「うーん。確かに、自分の行きたい大学に行けたし、ほぼ希望どおりの会社に就職できたから、その願いは叶ったかな。

でも、なかなか年収アップの願いが叶わないなぁ。出世していっている同期がうらやましい……。

それから、会社に苦手な同僚がいて、人間関係が少しギクシャクしているんだよな。もともと、学生時代から対人関係は苦手なほうだったから……」

『年収800万円以上』『スポーツが得意な人』という条件を満たす人との出会いをイメージしていたら、実際に出会えてお付き合いできました。

でも、もう少し私との時間を大事にしてほしいのですが、なかなかわかってくれなくて、そのことで、しょっちゅう喧嘩《けんか》しています。そういえば、私の恋愛はいつも同じパターンのような……。

それから、アロマセラピストになりたいのですが、そう思いながらも何年もＯＬを続けていて、行動に移せないでいます」


そう、「プラス思考」を始めとした、従来の成功法則や願い実現の方法では、**叶う場合と、叶わない場合がある**のです。

日本人にプラス思考は合わない

ここで、誤解のないようにお伝えしたいと思います。プラス思考が、全く効果がない、というわけではないのです。効果がある場合も、もちろんあります。

ただ、「日本人の気質」を考えたときに、相性がよいとはいえないところがあるのです。

そもそも、一般的に、成功法則はアメリカを中心に広まったものですが、アメリカ人と日本人では、気質に大きな違いがあります。

アメリカ人は、個人主義で、自立意識が強く、自分が意思決定できることを大切にする傾向があります。

一方の日本人は、全体の和を大事にし、協調性があり、どちらかというと控えめな気質です。

多くの日本人は、人と違うことをしたり、集団から抜きんでて目立ったりすることを、あまり好まないのです。それは「奥ゆかしさ」という日本人特有の美徳でもありますよね。

では、このような文化背景を持つ私たち日本人が、プラス思考を取り入れたときに、一体どのようなことが起きるのでしょうか?

・こんなことを言ったら、周囲にどう思われるのだろう

・「お前には無理だよ」とバカにされたくない

- こんなことを言って、失敗したら笑われる
- こんなことを言ったら、周囲に足を引っ張られるかもしれない
- 実際に成功したら、嫉妬されるかもしれない

心の中に、このような揺らぎが生まれることでしょう。

プラス思考やポジティブな発言をすればするほど、こうした心の揺らぎが、強くなります。

無理なプラス思考は、自分を責めてしまう

今まで恋愛をしても長続きをしたことがない女性、あるいは男性と付き合ったことがない女性が、結婚したいと思い、プラス思考を実践したとします。

その女性が、「私は今年中に結婚します。私は幸せになりました」と現状とは全くかけ離れた「プラスの言葉」を唱えたら、心の中でどんなことが起きるでしょうか。

「本当に私が幸せになれるのだろうか？」
「私には無理かも……」
「どうせ私なんて……」

と、心に抵抗が起きると思います。

このような状態のときに、プラス思考を取り入れて「マイナスの言葉を使ってはいけない」と思い込んでいたら、どうなるでしょうか？

「私ったら、自分にはできないなんて思ってしまった！　ダメダメ！」
「私は幸せになるのよ、でも、こんなネガティブなことを思うようではダメかも……」

と、さらに心に抵抗が生まれてしまいます。
現状と願いの差が大きければ大きいほど、抵抗が起きてしまう、というわけです。

そして「ネガティブなことを思ってしまった」「私はできていない」と、自分を責める気持ちが強くなっていきます。

この、自分を責める気持ちを引き起こしてしまうことが、プラス思考の一番の問題です。

自分を責め始めると、どんどん自分が苦しくなってしまいますし、頑張ろうと思えば思うほど、焦りの気持ちが出てきます。

自分が願いを叶えられるのか、どんどん信じられなくなっていきます。

「願いが叶う実感」がどこまであるか

「願いが叶うことを信じられない」という気持ち。

まさにこれが問題なのです。

「自分の願いが叶うことを信じられるかどうか」によって、願い実現に至る過程を、どれだけ明確にイメージできるかも変わります。

信じられることとは、「願いが叶うこと」に対して、「叶うという実感があること」「リアリティがあること」と言い換えることもできますね。

例えば、あなたが仕事中、ふと手を休めて「あ〜、今日は久しぶりに美味《おい》しいお酒が飲みたいな」と願ったとしましょう。

月に数回、お気に入りのお店で飲む習慣があるあなたの頭の中には、「美味しいお酒と、雰囲気のよいお店」の候補が即座に浮かびます。さらに、「その場所で、あなたが楽しんでいる映像」を簡単に浮かべることができますよね。「誰と一緒に行こうかな」などと思いを巡らせるかもしれません。

この時点で、あなたは「願いが叶う実感」を既に感じることができています。

そして「よし！　あと数時間、仕事を頑張るぞ！」と、お酒を飲んでいる姿を思い浮かべて、仕事に励むことでしょう。後は、仕事を終わらせて、お気に入りのお店に行けばよいのです。

この願いに対して「叶えるのが難しい」と思う人はいますか？

お金と多少の時間があれば、すぐに叶えることができる願いです。

また、この種の願いは「叶わなかったらどうしよう」と不安になったりもしないですよね。「どうせ私なんて、美味しいお酒なんて飲めない」とも思わないはずです。

願いを叶えるために、すぐに行動に起こすことができると思います。


つまり、願いを叶えられるかどうかは、自分にとって、その願いが実現可能かどうかという実感が、どこまであるか、にかかっているのです。

Magic 2

「本当の気持ち」を理解する

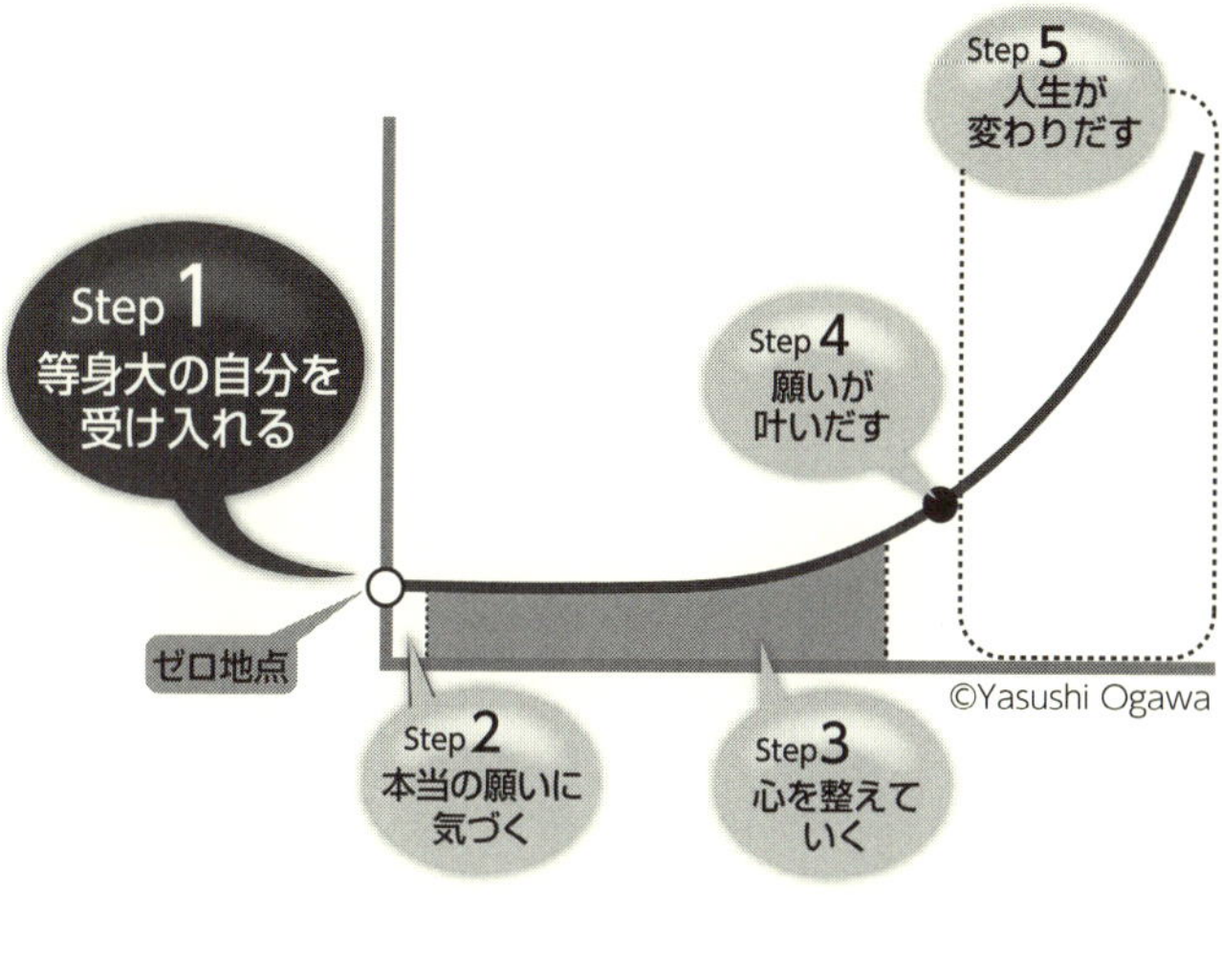

「ありのままの感情」に素直になる

密かに憧れていた異性から告白される場面を想像してみてください。

驚き、嬉しさ、恥ずかしさ、戸惑い……といった感情が湧き上がってくるのではないでしょうか。

あるいは、ずっと欲しかった車があって、お給料から少しずつ貯金をして、数年かけて貯めたお金で、ようやく手に入れることができたと想像してみてください。

達成感、嬉しさ、誇り、自信……といった感情が湧き上がってくることでしょう。

溢れ出てくる感情は、人それぞれ違うと思います。

しかし、これらの場面で「怒ってみてください」と言われたらどうでしょうか？

「私は憧れの彼（彼女）から告白されて、怒っています」

「私はずっと欲しかった憧れの車を手に入れて、怒っています」

しっくりこないですよね。明らかに違和感があります。

プラス思考によって、感情を書き換えてしまっているというのは、こうしたことをいうのです。

自分が不運な出来事に遭ったとき、通常はネガティブな感情が湧いてきます。感情とはとっさに生まれる反応ですから、「ポジティブな反応をしなければ！」と無理強いできるものではありません。

にもかかわらず、「私はツイています」と唱えても、ありのままの感情がついていかないので、違和感があり、心に抵抗が起きてしまうのです。

ネガティブな感情を感じた後に、「プラスの言葉を使おう」と無理に言い聞かせても、最初のネガティブな感情がポジティブな感情に上書きされるわけではないのです。

ですから、ネガティブな感情が浮かんでも、まずは、そのままの自分を認めてあげてください。

「あ、私は今、怒りを感じているんだな」と、その状態をフラットに受け入れてください。そのままの自分の状態を認めることで、無理にプラスの言葉でごまかすよりもずっと、心の抵抗は少なくなります。

心の振り子が揺れるとき

感情を認めることと、願いを叶えることの関連を、「心の振り子」という概念を使って説明してみましょう。

心の振り子とは、感情の揺れ動きを示すものだと思ってください。

例えば、あなたが、頼まれ事をなかなか断れない人だとします。

自分の仕事がまだ終わっていなくても、上司から残業をお願いされると、あなたは快く引き受けてしまいます。本音では「ちょっと大変そうだな」と感じていても、頼まれ事を終えて、上司が「さすがだね！　やっぱり君に頼むと助かるよ！」と喜ぶと、あなたは認められた気がして「ちょっと大変だったけど、役に立ってよかった」と思います。

このとき、心の振り子は、2つの方向に動きます。ひとつの方向は、「喜んでもらえて役に立って嬉しい」「頑張るぞ！」というプラスの感情。もうひとつの方向は「ちょっと大変だな」というマイナスの感情です。

37ページの図でいうと、②です。プラスの感情への動きは、生きる活力、モチベーションに繋がりますので、ある方が健全です。

ところが、次第にあなたは疲れてきます。上司だけではなく、同僚からも頼られて「お願いね！　あなたにしかできないから」と残業を頼まれるようになってしまうからです。

内心、「またか……毎回はしんどいから早く帰りたいな」と思っていても、「頑張ればできる！　他にできる人もいないし」「喜んでもらえるなら」と思い、断れずに引き受けてしまいます。

あなたの心は悲鳴を上げていきます。「自分ばかり我慢している」という不満も出てきます。さらに、「あの人はいつも、さっさと帰ってズルいな……」と周囲の人にも不満を抱き始めます。

それでも、あなたはお願いされると断ることができません。

この段階になると、最初は健全なモチベーションだった「頑張る」が、いつの間にか「頑張らないといけない」という義務感のようなものに変化してしまいます。「頑張らないと認めてもらえない」「喜んでもらえることで初めて自分に価値がある」となり、ついには「頑張ることでしか自分の価値を感じられない」とまでなっていきます。

このとき、心の振り子は、図でいうと③の状態になり、プラスとマイナスの2つの

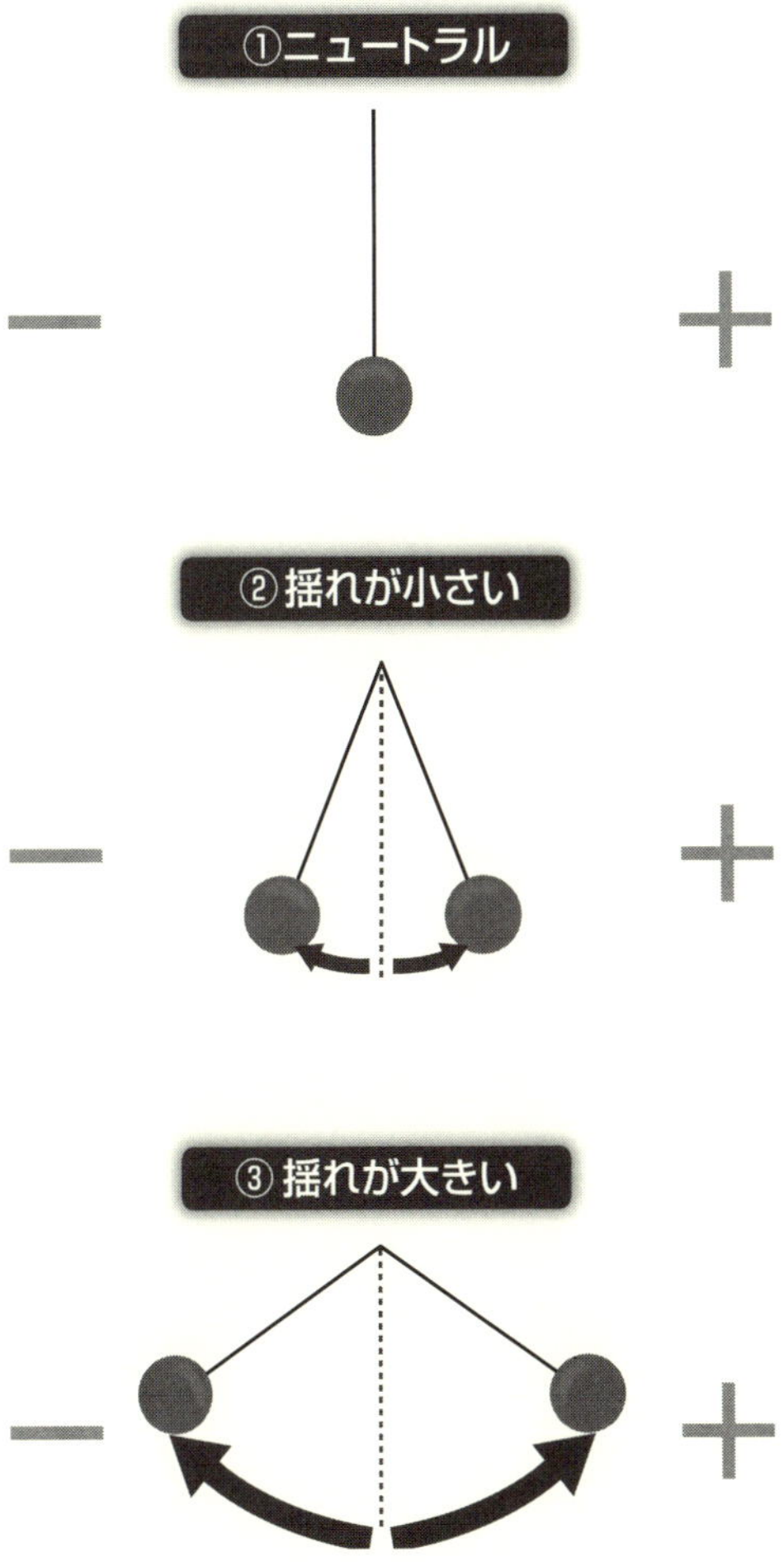
①ニュートラル
−
＋
②揺れが小さい
−
＋
③揺れが大きい
−
＋

方向へ、大きく揺れてしまっています。
プラスの方向は「頑張らないと、認められないと私には価値がない」という思い込みや信念で、過度に頑張りすぎてしまうエネルギーです。マイナスの方向は「なんで自分ばかり犠牲になるんだ」「誰もわかってくれない」という、不満や責めるエネルギーです。

振り子が大きく揺れるということは、それだけ「心の抵抗が大きい」ということになります。葛藤、違和感、不安、焦り、恐れ……これらの感情は、振り子の揺れを大きくするのです。

Magic1でお話ししたとおり、心の抵抗が大きいということは、願いが叶いにくいということです。

感情を認めると「振り子の揺れは小さくなる」

では、どうしたら、振り子の揺れを小さくできるでしょうか？

先ほどの例でいうと、心が悲鳴を上げている状態にフタをして、結果、頑張りすぎてしまっていることがわかります。

きちんと自分の感情を受け止めることができるのなら、「ああ……本音では『つらい』と思っているんだな」と認め、「じゃあ、今回は断ろう」と決めることができます。

自分のありのままの感情を「認める」というのは、とても大事です。

認められない場合、なんとなく感じてはいるものの、その感情をうやむやにしてしまうので、本音とは違う行動を取ってしまい、振り子の揺れ幅が大きくなるのです。

きちんと認め、「私は、本当はつらいんだ」と理解すれば、「なぜ、こんなに頑張ってしまうのだろう？　役に立ちたいと思っているから？」と自分の心に問いかけていくことができます。

さらに問いかけていくと、「ああ……そうか。私は人に嫌われたくなくて、断れないんだな」など、心の深い部分にある正直な気持ちに気づいていきます。

頑張りすぎてしまう自分の心の奥底にある「嫌われたくない」という気持ちを、自分自身が認めてあげることで、ようやく振り子の揺れは収まっていくのです。

振り子の揺れが少しずつ収まってきたら、頼まれても「断る」という選択肢を選べるようになります。自分の本当の気持ちに素直な決断が下せるようになります。そして、自分の進みたい方向へ向かっていくことができます。

願いを叶えるために、まず、最初に必要なのは、「自分の感情を認める。本当の気持ちをもっと大事にする」ということなのです。

自分の素直な感情を認めることで現実が変わった
~恵理子さんのケース

私のセミナーを受講されたある女性のケースをご紹介します。

恵理子さんは40代で、職場の人間関係に悩んでいました。

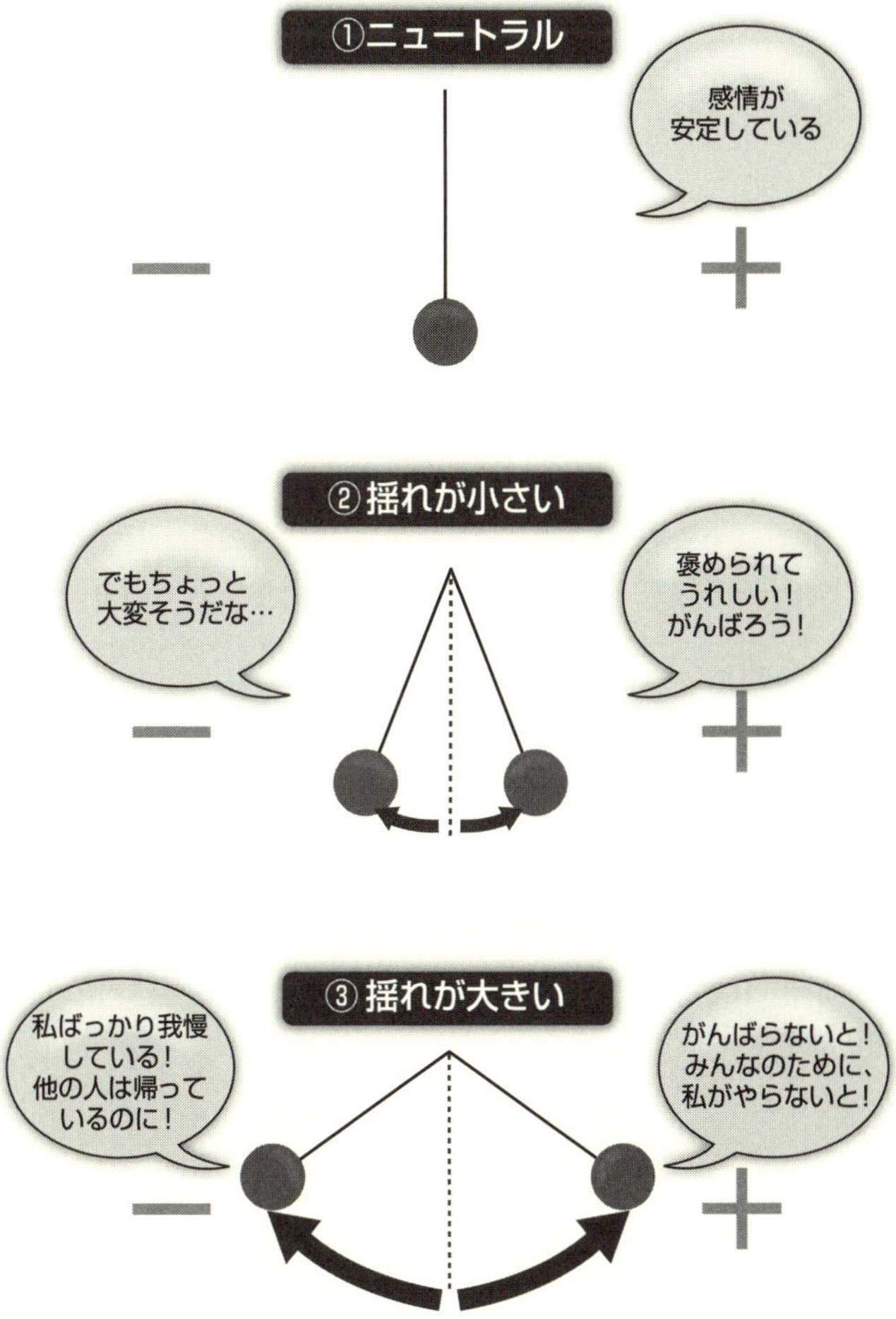
①ニュートラル
感情が安定している
－
＋
②揺れが小さい
でもちょっと大変そうだな…
褒められてうれしい！がんばろう！
－
＋
③揺れが大きい
私ばっかり我慢している！他の人は帰っているのに！
がんばらないと！みんなのために、私がやらないと！
－
＋

資格を持っていて、仕事もテキパキとこなす恵理子さんは、上司からも後輩からも頼られる存在。

仕事が好きだという気持ちがあるので、仕事が増えるのは決して嫌ではなかったのですが、時折、恵理子さんがやるのが当たり前、といったような周囲の言動に腹が立つこともあったようです。

チームをまとめる役職に就いたこともあったのですが、なかなか思うように動いてもらえないと思い悩み、休職することもあったといいます。

普段はさほど親しくなくても、困ったときだけすがってきて、他の人はできなくても許されるのに、恵理子さんにはできないことはないと思われている状態。

このような状況に、恵理子さんはいつも「どうして、私ばかり犠牲になるの？」という理不尽な思いでいっぱいだったそうです。

このまま同じ職場にいても、ストレスが増えるだけなので、資格を生かし、関連業界へ転職しようと転職活動をされているほどでした。

恵理子さんは、受講生同士、お互いに自分の問題や悩みについて話し合っているとき、あることに気づきました。

それは、相手の話を最後まで聞かずに、遮ってしまうクセがあることです。

正確には、相手が話し終える前に、結論を予測して、自分の見解を話してしまう、というクセです。

振り返ってみて職場でも、「それは、〇〇だからだよ」と、同僚の話に、途中で口を挟んでしまうことが多かったようです。

そして、そうしたクセが、相手の心から、恵理子さんに対する抵抗を引き出してしまっていたことに気づきました。

自分のコミュニケーションのクセによって、相手は心を閉ざしてしまっていたのだということがわかったのです。

それから恵理子さんは、相手の話に口を挟むことなく、「相手を理解しよう」という気持ちで話に耳を傾けることを心がけるようになりました。

自分のコミュニケーションのクセを理解した恵理子さんは、徐々に職場での人間関係のストレスが減っていきました。

しかし、それでも、「自分ばかり我慢している」というストレスがなくなることはないといいます。

そこで、セミナーも折り返しに近づいた頃、私は改めて、今の恵理子さんの、職場での一番のストレスはなんなのかを聞いてみました。

すると、最近、恵理子さんより年下で経験の浅い男性社員が恵理子さんの直属の上司になったものの、恵理子さんの方が仕事に通じているので、彼をフォローするように、さらに上の立場の人に頼まれたということでした。

それまでも恵理子さんが先輩として、その男性社員を指導していたのですが、仕事への評価とは別の、ある外部的な事情で突然昇格したのだそうです。

昇格したからといって、仕事ができるようになるわけではなく、周囲の人に可愛がられる性格で世渡り上手。

そんな彼の存在が、恵理子さんのイライラを募らせていることがわかりました。


こうしたときは、「一体、私にはどんな感情があって、イライラしているのだろう」とありのままの気持ちを見つめていくことが大事です。

私は恵理子さんにこのようなことをお伝えしました。


「恵理子さんは今、職場の人たちと気持ちの交流ができていない状態です。

会社の上の人は、私に仕事を押し付ける、直属の上司は、正社員だからって昇格しただけで、全然仕事ができない。

なぜ自分ばかり理不尽な思いをしなくてはいけないの?という不満から、職場の人に不信感を抱いてしまっています。

おそらく相手に恵理子さんの不信感が伝わってしまっていて、コミュニケーションに支障が出ているのではないでしょうか?」

そして、

「そんなときは、まず、自分が本当はどんな感情をわかってほしくて不満に感じているのか、奥にある感情を認めてあげてください」

と伝えました。

「私、仕事は嫌いではないんです。でも、なんで私ばかりっていうやるせない気持ちになってしまって……」

「では、もし会社の上の人が『恵理子さん、彼は若くてまだ経験がないけど、恵理子さんは経験豊富だし、色々なことがわかるから、サポートしてくれるととても助かるな。恵理子さん、いつも頑張ってくれて本当にありがとう』と恵理子さんをねぎらってくれたらどうですか？

あるいは、彼が直接、『いつもフォローしてくださって、ありがとうございます。勉強になります』と恵理子さんを尊重してくれたらどうですか？」

恵理子さんは、

「それだったら、私は気持ちよく働けます」

と、納得したようにおっしゃいました。

続けて、

「……私、自分のことをもっと認めてほしかったんですね。尊重されたかったんですね」

とおっしゃり、自分の本当の気持ちに気づかれました。

恵理子さんは、「自分を認めてほしい」という本当の気持ちに気づき、その感情を認めることができました。

そうすると、自分自身とのコミュニケーション、つまり、自分の心とのコミュニケーションと、相手とのコミュニケーションの両方が劇的に変わります。

自分が相手からしてほしい本当の気持ちを意識し、その感情を大事にできるようになることで、自分がしてほしいことを相手にもできるようになるからです。

恵理子さんは、自分が相手に認められていないと感じるように、自分も相手を認めていなかったということに気づきました。どちらが鶏か卵かわかりませんが、「認める」という感情のやりとりがなかったことに気づいたのです。

自分の本当の気持ちに気づいた恵理子さん。

次第に、恵理子さんの現実も変わっていきます。

以前からチャレンジしては7回ほど落ちていた面接に、再び挑戦し始めました。

2日で3社の面接を受けるという強行スケジュールながら、なんと3社すべてに合格したと報告をいただきました。


急激な変化です。


恵理子さんによると、3社とも、今の仕事の関連業種であったものの、会社の雰囲気やそこで働く社員の様子から、求めている人材が微妙に違っていることに気づいたそうです。

そこで、面接のときは、各社のニーズに合わせて自分のアピールポイントを変えました。

今まで、「自分を認めてほしい」という気持ちでいっぱいだった恵理子さんは、それまでの面接で「私のことをわかってほしい！　私ってこんなに資格を持っていて、仕事もできます！」と一方的にアピールしまくっていたことに気づいたのです。

採用の面接でも、会社の求めている人材について考えずに、資格を羅列した履歴書を前に、自分のアピールばかりしてしまっていました。

「私は人に自分を認めてほしかったんだ」という本当の気持ちを受け入れたことで、「自分をわかってほしい」という気持ちが、いったん落ち着いたからこそ気づけたことでした。

自分で自分のありのままの感情を理解し、心の振り子がニュートラルになったのです。

こうして、心に余裕の生まれた恵理子さんは、面接先の会社に対して、逆に「会社のことをわかってあげたい」と、今までにない気持ちが芽生え、相手に必要な情報だけを伝えることができるようになりました。

恵理子さんは、

「自分が、自分の本当の気持ちに気づいて心に安心感が芽生えたように、相手のことも理解しようとすることが大切だったんだとわかることができました」

といいます。

等身大の自分を受け入れる

自分の中の本当の感情を認めることに努めると、次第に自分のことがわかってきます。

なぜ、そのような感情を持つに至ったのか、どうしていつもうまくいかなかったのか。そして、自分がよい方向へ変化していくには、何が必要なのか、自分は何ができて、何ができないのか、どういったことを人にサポートしてもらえばよいのか……。

自分が置かれている状況を俯瞰《ふかん》的に見られるようになっていきます。

この過程が、願いを叶えていくことの基礎になります。

これは「ありのままの自分を受け入れる」と表現されることもあります。

この「ありのままの自分」という言葉は、よく聞きますが、実際にはイメージがしにくい方もいるでしょう。

私も、多くのクライエントさんから、「『ありのままの自分』って、わかったようで、よくわかりません。一体どういうことなのでしょうか？」と聞かれます。

そんなときに、私はこんな例え話をします。

あなたはきれいな部屋に憧れて、部屋の模様替えをしたいと思いつきました。

でも、あなたの部屋はモノで溢れていて、ごちゃごちゃしています。

クローゼットからは洋服がはみ出し、引き出しの中は、仕切り板を越えて、たくさんの小物が所狭しとしまわれています。

あなたはまず、クローゼットを整理することから始めようと決めました。

しかし、「スッキリさせたい」と思いながらも、あなたはどこから手をつけていいのかわからず、途方に暮れています。

そこで、あなたは、クローゼットに入っている洋服を、すべて床の上に出すことにしました。

スーツが何着あって、冬物がどれくらいあって、半袖がどれくらいあって、どんな色の服を持っているのか、パンツは何本あるのか。あなたは、床の上に並べられた洋服の内訳を確認していきます。


「うわあ！　こんな洋服があったんだ」

「これはもう、今の趣味に合わないな。捨てようかな」

「うん、これはまだ着ることができる。これからも活躍しそうだ」

「うわ〜。これ、衝動買いしたけど、結局私に似合わなかったな」

そうやって全体を眺めていくうちに、段々とあなたの心は整理されていきます。

段々、自分が本当は何を望んでいるのかもわかっていきます。

「今まで気づかなかったけれど、この上着とこのパンツの組み合わせは意外に合う!」

「これからは、赤い色の洋服を少し増やしていこうかな」

「全体的に、服のテイストを○○○にしたい」

最初は「どこから手をつけていいのかわからない」「面倒くさい」と感じたクローゼットの整理ですが、こんなふうに、気持ちが少しずつ変化していきます。

「ありのままの自分を受け入れる」というのは、例えるなら、クローゼットにある洋服をすべて床に並べ、ひとつひとつ吟味していく作業のようなものです。

そのうちに、もやもやとしていた気持ちが変化していき、そして、自分の本当の気持ちがわかっていきます。「こちらの方向へ行こう」と決めることができます。
この、自分の本当の気持ちがわかり、進みたい方向がわかることを、私は「ゼロ地点」と呼んでいます。

そして、その「ゼロ地点」を見つけるために必要なのが、「魔法の言葉」なのです。

Magic 3

自分の「本当の願い」に気づく

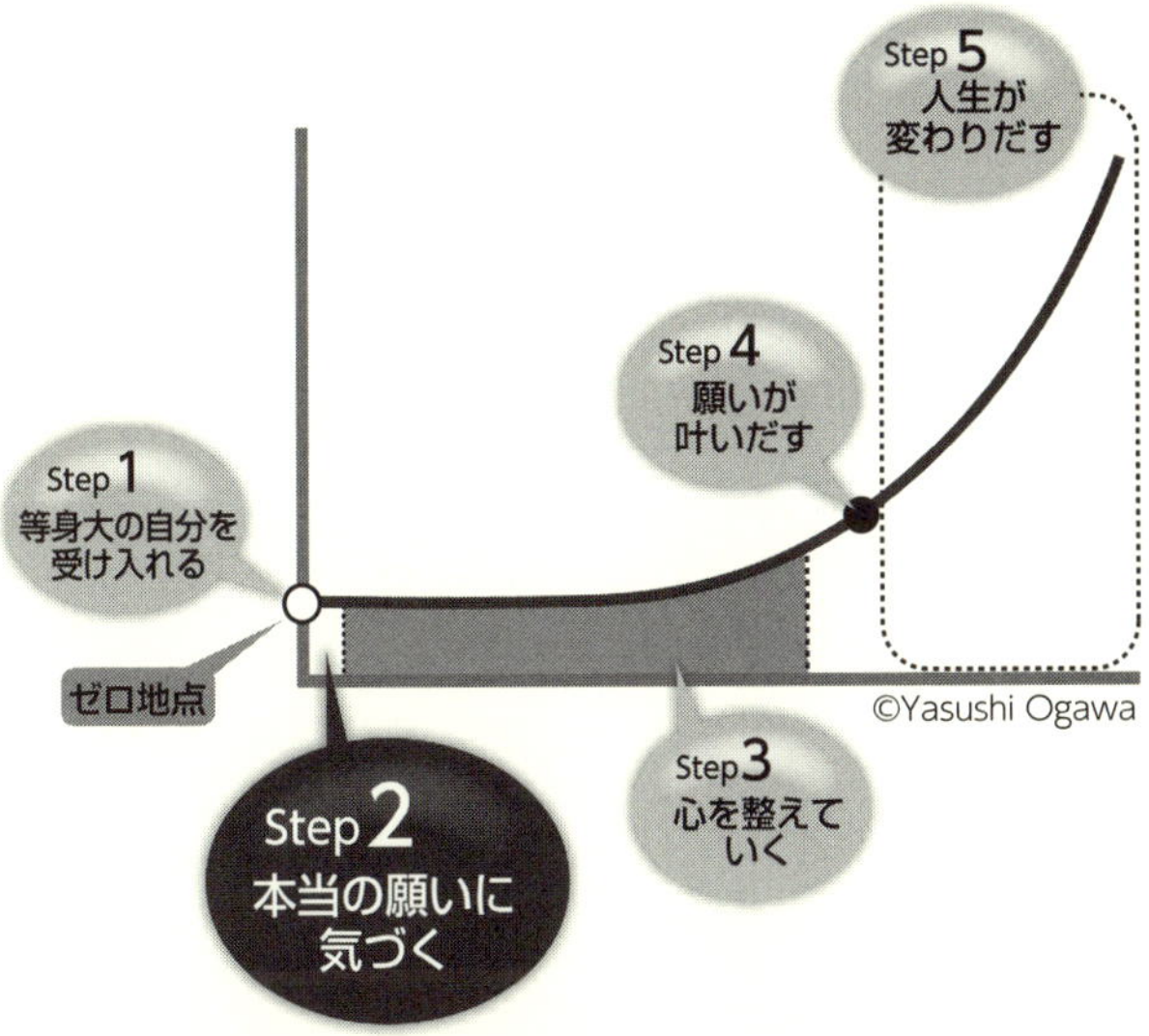

それはあなたの「本当の願い」ですか？

あなたの中に、

「〜しなければならない」
「〜するべきだ」
「〜したほうがいいのだろう」

といった、とらわれや思い込みはありませんか？

周囲の期待や願望に応えようとするあまり、自分が本当に求めていることが見えなくなっている人は本当に多いです。

今、あなたが、自分の気持ちや願いだと思っていることの奥にある本音に気づき、ありのままの自分を受け入れることが、願いを叶え、人生を変えていくスタートになります。

それが、私のいう「ゼロ地点」です。

私自身、自分の「ゼロ地点」を見つけるまで、実に35歳まで回り道をしてきました。「はじめに」でもお話ししましたが、私は35歳まで、弁護士を目指していました。

のちに、「弁護士になること」は、自分にとって本当の願いではなかったことがわかるのですが、当時は、目標を達成するために、プラス思考を取り入れて「私は絶対に弁護士になる！」と唱えたり、法廷で弁護している姿をイメージしたりしていました。

しかし、心はうらはらに、全くワクワクしなかったのです。むしろ、なんとなく、胸が重たくなっていく感覚がありました。自分が法廷に立っていることに、全くリアリティが持てませんでした。

法律を学んでいた頃、よく聞かれました。

「弁護士になったら、どんな分野を扱うの？」

私はいつも「う～ん」と考え込んでしまっていました。

「私は身近な人を助けるような、マチベン（町の弁護士）でいいや」などと答えていました。

本当の願いだったら、もっと内側から「〇〇したい！」と出てきそうなものです。

私は、考え込まないと答えが出ない状態でした。

本音はいつの間にか、打ち消されている

ところが、一切考え込むことなく、内側から出てきた思いもありました。

「私ね、弁護士になったら、エッセイを書くの。仕事をとおして、人間を観察したいの！　なぜ人は葛藤し、なぜ人はそれでも生きていくのか……。

弁護士って、人間の葛藤や矛盾、弱さに直面する仕事じゃない？

そして、そこで感じ取った人間模様、人生における真理を、エッセイで表現したいんだよね～」

今の私からしたら、その頃の自分に、はげしくツッコミを入れたい気分です。

「あなたの本当の望みは、『弁護士になること』ではなく、人の心理や葛藤を観察して、そこで感じたものを文章で多くの人に伝えることだよ」と。

・人の心理を観察する
・その結果を多くの人へ文章で伝える

「エッセイを書く」という将来像は、私の中でかなりリアリティがありました。

法廷で弁護をしている姿は全くイメージできなかったのですが、なぜか「私の文章が多くの人の目に触れる」ということは、不思議なことに、ありありとイメージできたのです。


また、大学時代は法学部だったにもかかわらず、単位に計上されない心理学の卒論を書き上げていました。

心理学の教授の研究室に、突然押しかけて「論文を書きたい」と申し出たものですから、かなり変わった学生だと思われたに違いありません。教授に承諾をもらい、半年以上かけて、調査結果を解析して、仮説を立てて検証して、文章にまとめました。

パソコンが苦手だった私は、データ解析が苦痛でしようがなかったのですが、それを乗り越えられたのは、純粋に「人の心理を探求したい」という情熱が大きかったからでした。

当時の自分も、本当は、「心理関係の方向に進む方がよい」とわかっていたと思います。でも、「法律を目指すってかっこいいし……」「親も期待しているし……」「いまさら後に引けないし……」と、その思いを打ち消していたのです。

多くの人は無意識に、この「本音を打ち消す」ということを、日常で何度もやっているはずです。

いい人でいると、本当の気持ちがわからなくなる

「いい人でいたい」という気持ちも、自分の本当の気持ちをわからなくさせるので要注意です。

「誰かのために」という大義名分は、素晴らしい面ももちろんあるのですが、ある一面においては、自分の気持ちをわからなくさせてしまうのです。

私の場合、「親の期待に応えたい」という気持ちが、私の本音を打ち消してしまっていました。

人の喜ぶ顔を見たいからと頑張る行為は、サービス精神が旺盛ともいえますが、行きすぎると自分を犠牲にしてしまいます。

また、「人からどう思われるのか気になる」、という方も多いですが、構造は「いい

人と思われたい人」と同じです。

人の顔色をうかがい、相手に合わせてばかりいると心が疲れてしまい、人と会っていても心から楽しむことができなくなります。

相手中心に行動をしているので、自分の本当の気持ちがわからなくなってしまうのです。


まずは、自分の気持ちを大事にしてください。

自分の気持ちをないがしろにして、人のことばかりに意識を向けていると、心の奥底に「満たされない」という欠乏感が生まれます。


最初は「人の喜ぶ顔が見たい」という純粋な気持ちからの行動だったのが、自分を犠牲にしていくうちに、いつの間にか「私ばかり頑張っている」「誰もわかってくれない」と、周囲に怒りを感じるようにもなっていきます。

でも、いい人をやめられないので、その怒りさえも押し殺してしまい、自分の言いたいことを我慢してしまい、さらに周囲から理解されない……という悪循環に陥ってしまいます。

これでは、「心の振り子」が、ぶんぶんと強く揺れてしまっています。

エネルギーが「自分をわかってくれない」という不満を感じることに費やされ、自分を大事にすることに使えない、自分の願いを叶える方向に使えない状態です。

これは、実にもったいないことです。

人間関係の悩みのもとは欠乏感

自分の気持ちを大切にすると、実は人間関係もスムーズにいくものです。

「いい人」をやめられない方は、「いい人でいると人間関係がうまくいく」と思い込んでいる節がありますが、それは逆です。

いい人でいようとする人が、なぜか揃って「私は大事にされていない」と感じている傾向があるからです。

自分の気持ちを大切にできてこそ、ニュートラルに人と接することができます。

ニュートラルに接することができるというのは、例えば「この人を思いどおりにしたい」「私のことをわかってほしい」「もっと感謝してほしい」という余計な感情を入れないで、人とフラットにコミュニケーションを取ることができる、という意味です。


自分の気持ちを大切にしない人ほど、心の奥底では「私ばかり我慢している」という不満が密かにたまっています。

本人は「足りていない」と思っているので、人に代償を求めてしまう、これが「欠乏感」なのです。

心がどんどん欠けていくような、そんなイメージです。


「喜んでもらいたい」と純粋に相手のためを思っているうちはよいのですが、相手が思うような反応をしないと「感謝をしない」「せっかくしてやったのに」と相手への不満に繋がります。

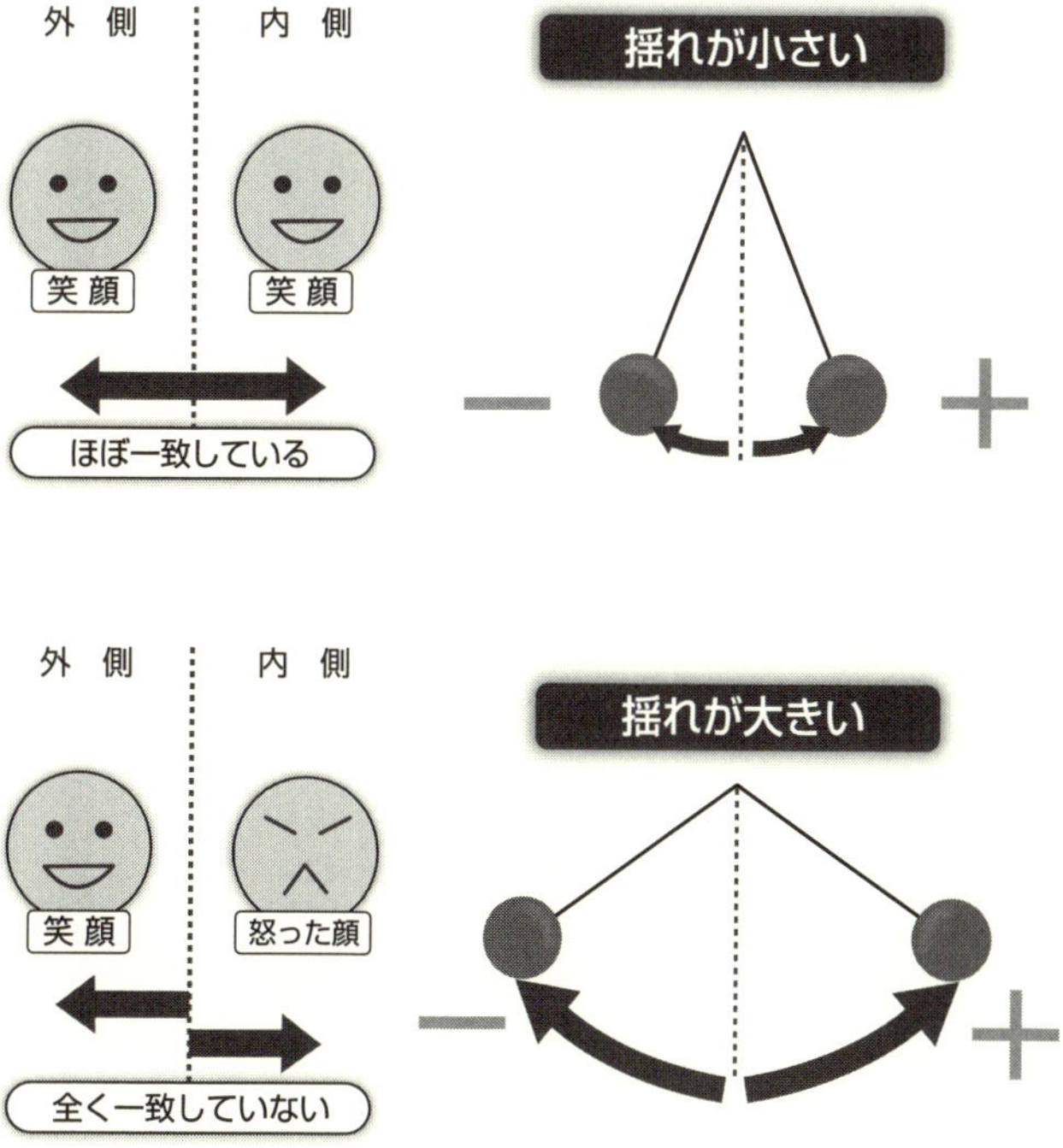
外 側
内 側
揺れが小さい
笑 顔
笑 顔
ほぼ一致している
−
＋
外 側
内 側
揺れが大きい
笑 顔
怒った顔
全く一致していない
−
＋

自分を大切にしていない人ほど、違う形でその「欠けた部分」を埋めようとするので、相手の反応に振り回されてしまうのです。

恋愛で「私、都合のいい扱いをされるんです」と悩まれる方は、自分の心の欠乏感を埋めようとして、相手に合わせすぎてしまい、さらに相手のペースに巻き込まれてしまうということがあります。

これでは悪循環ですよね。

自分で自分を満たせるようになると、人に求めすぎないので、きちんと断ることができますし、自分の意見を相手に伝えようとすることにエネルギーを使えます。

「なんでわかってくれないの？」「ちゃんとわかってよ！」という不満から出る言葉ではなく、「相手を理解しよう」とする気持ちから生まれる言葉で人と接します。

そうすると、コミュニケーションもうまくいきますし、何よりも人から大切にされるようになります。

ですから、まずは「自分の気持ちを大事にする」ことが先決です。

そうすれば、自分の本当の願いもわかっていきます。


私が「私の願いは弁護士になることだ」と思い込んで、違う方向へエネルギーを使っていたときは、「自分軸」が全くありませんでした。

「自分軸」とは、文字どおり「自分の軸」、つまり、自分の中の、自分なりの評価軸のようなものです。

ある行動をするかしないか、Aを選ぶかBを選ぶか、といった場面での、自分なりの判断軸のことです。


軸がないから、本音から目をそむけて、世間体や親の期待に合わせていたのです。

木の幹となる軸の部分が空っぽだと、様々な場面で影響が出てしまいます。

空っぽ部分、つまり欠乏感を埋めようとして、

「周囲の人にどう見られるのか？」
「どう思われるのか？」

人に評価されることばかりを考えていて、私の心が満たされることはありませんでした。

本当の願いを気づきにくくさせる「思考パターン」

35歳まで自分の本当の願いに気づくことができなかった私ですが、これまでに、２０００人以上の、願いを叶えたい、人生を変えたいという方々と接してきました。

そうして出会った、願いを叶えたいのに、叶わないと悩まれる方々に、共通する思考パターンがあることがわかりました。

それらの思考パターンが、自分の本当の気持ちや本当の願いを見えなくさせ、心から望む方向に、自分を進めなくさせている要因になっていると私は考えています。

「思考パターン」とは、メンタルブロック、心理ブロック、信念体系、思考のクセ、観念などとも呼ばれ、日常の感情の反応や判断に影響を及ぼし、それがいつの間にか自分を縛りつけている価値観のひとつにまでなっているものです。

例えば、私の場合、「弁護士になって、親の期待に応えないと自分には価値がない」という「思考パターン」が、知らず知らずのうちに刷り込まれていました。

このような「思考パターン」があると、自分の本当の気持ちや願いに、無意識のうちにフタをしてしまいます。

つまり、気持ちや願いがわからなくなってしまうのです。

また、「～であるべきなのに、～していない」「どうして～しないのだろう、当たり前のことなのに……」と、独自の価値観で相手を責めたり批判したりすることはありませんか？

こうした気持ちの裏側には、あなたなりの「思考パターン」が存在します。

自分にはどんな思考パターンがあるのか？と考えながら、読み進めてみてください。

「思考パターン」は、育った環境で刷り込まれる

思考パターンは、人生における時間の経過とともに形成されていきますが、一番大きく影響を与えるのは、「育った環境」です。

親からの影響は、様々な「思考パターン」を作り上げていきます。親の口グセ、叱り方、兄弟や周囲の人との比較……最初は小さな種に過ぎなかったものが、長い間一緒に過ごす家庭環境の中で次第に育ち、芽吹いていきます。

そして大人になるにつれ、「家庭環境の中で育まれた思考パターン」に、今度は周囲との関係性が合わさり、それがさらに悩みとなっていきます。

周囲の人の言動に、思考パターンが反応して、悩みが作られていくのです。いくつかの事例を挙げてみましょう。

〈ケース1〉親が厳しくて滅多に褒めてくれない環境で育った場合

「一生懸命に頑張っても、自分は認められない」という思考パターンが、家庭環境の中で次第に形成されていきます。

そうすると、学校や会社でも必要以上に頑張ってしまい、周囲も「頑張って当然の人」として扱い（まるで親がそうであったように）、もっともっとと期待をかけるので、常に本人はその期待に応えようとして「まだまだ自分は頑張らないといけない」と感じてしまいます。

こうなると、いつも全力疾走しているような感覚になります。しかし、本人の中には、「一生懸命に頑張っても、認められない」という思考パターンがありますから、**どれほど努力したとしても、心が満たされることはありません。**

「誰も私を認めてくれない」
↓
「私は誰からも愛されない」
↓
「私には価値がない」

というように、ますます思い込みが強固になっていくのです。

このように、頑張れば頑張るほどに、「認められない」という思いが強くなっていくこともあるのです。

女性の場合、恋人に必要以上に尽くしてしまい、男性をダメ男にしてしまう、あるいは都合のよい女性扱いされてしまう、ということもあるでしょう。

〈ケース2〉 親が過干渉であった場合

何をやるにしても親が先取りして決めるので、物事を自主的に決める機会が失われます。

こうした家庭環境で育つと、大人になってから**「自分で決める」ということが苦手になり、自分の選択に自信が持てなくなります。**そして、周囲の人に常に確認しないと物事を決められない……という事態になり、さらに自信をなくしていきます。

進学や就職など、人生の重要な決断の場面において、親の考えに左右される経験を繰り返していくうちに、「自分の本当の気持ち」がわからなくなっていきます。

こうなると親の願いが、まるで自分の願いであるかのように錯覚し、心のどこかで違和感を持ちながらも、自分で決断するのを怖いと感じてしまうことでしょう。

形式上は自分で選択したように見せかけ、自立しているようでいても、何かあったら人のせいにする（親のせいにする）というクセが、ふと出てしまうこともあるでしょう。

そして、**会社や環境に不満を感じながらも、「一体、私の本当の願いはなんだろう？」と迷い、「どうしたらいいのかわからない」と途方に暮れてしまう**事例は多いです。

年齢を重ねるほどに、新しい環境に飛び込むことに恐れを感じ、それなりに収入も安定していると、さらに決断ができず、悩みは深まっていきます。

恋愛の場面では、デートに行くときの選択も相手任せで、依存傾向が強くなり、「つまらない」と相手に思われてしまうことがあるかもしれません。

あるいは、年下など自分が主導権を握れる相手に対してはリーダーシップが取れるのですが、自分よりも上だと感じる相手に対しては途端に依存する、という極端なパターンが見受けられる場合もあります（長男、長女であっても過干渉な親の下で育った場合、このケースはありえます）。

〈ケース3〉親の機嫌がいいときと、不機嫌なときの落差が激しかった場合

子供の気持ちが不安定になりがちで、こうした環境で育つと、親の顔色をうかがうクセがついてしまい、さらには親の機嫌が悪いのは「自分のせい」と罪悪感を抱く場合もあります。

大人になると、**上司の顔色をうかがってしまったり（親のように権力を持つ人に対して、特にその傾向が出やすいのです）、恋人の顔色をうかがってしまったりします。**

どこか自信がなさそうで、おどおどした表情が雰囲気に表れ、こうした人は相手の攻撃的な一面を引き出すので、上司や同僚から軽く扱われたり、恋人がDVになったり……ということが起きる場合もあります。

これらの思考パターンによって、人は、自分の思いどおりの人生を歩むことはできないとの思い込みを強めていきます。

場合によっては、「あの人が○○したから、うまくいかないんだ」と人のせいにすることによって、真実から目をそむけてしまうこともあるでしょう。

心にまつわる様々な学びを重ね、知識が身についていくことで、自らの願いが叶わない原因を「○○のせい」と責任転嫁してしまうこともよくあります。

成長しようとして学び始めたのに、皮肉なことに、「知識」が自らを成長させないように仕向けてしまうということです。

例えば、「私ってアダルトチルドレン（機能不全家庭で育ち、精神的なトラウマを持つ人）だから」と、習った知識によって自分にレッテルを張り、新しい可能性が芽生えるのを自ら放棄してしまう、というケースです。

「親が〇〇だったから、私は幸せになれない」と、いつまで経っても親のせいにしてしまうのです。

こうした思考は、自らを「被害者のポジション」に置き、気づきや成長のチャンスを逃してしまうことに繋がりかねません。


自分が真実を知って傷つくことを恐れるため、自分の心を誤魔化すことで自分を守り、いつしか自分の本当の気持ちがわからなくなる事例も、多く見受けられます。

長い間、自分を縛ってきた「思考のパターン」に慣れてしまうと、表面上では「変わりたい」と言いながらも、今までの位置にとどまっていた方が、ある意味安定しているため、心の奥底では「変わりたくない。新しいことを体験するのは面倒くさい」と思っている場合もあります。


そうすると、何かチャンスが訪れたとしても、気づかないフリをしたり、実際に見過ごしてしまうことがあります。つまり、思い込みによって、自分を守っている（変化しないことを選択している）のです。

あなたがもし、「いつも私は同じパターンでうまくいかないんだよな」「繰り返しているパターンがある」と感じていることがあれば、人生の年表を作って、自分が成長してきた過程を観察してみましょう。

特に決まったフォーマットはありません。生まれた0歳のときから、現在まで、それぞれの年齢ごとに「起きた出来事」と、その出来事に伴う「感情」を書き出してみましょう。

今の自分に影響を与えている過去の出来事
～吉田さんのケース

自分の思考パターンを探っていく過程は、ポジティブなことではありません。幼い頃経験したつらい思いや、家族との葛藤など、ときには目をそむけたくなる出来事と向き合っていく必要があるでしょう。

なかでもこれまで、無理なプラス思考を使って、自分を鼓舞してきた人には、つらい作業だと思います。

特に幼い頃の出来事は、些細《ささい》なことと処理され、大人になるにつれ、記憶の片隅に追いやられてしまうことが多くあります。

しかし、そうした経験が、今のあなたを形作り、今のあなたに大きな影響を与えています。

私のもとに、お仕事のことでご相談に来た、あるクライエントさんのケースを紹介します。

吉田さんは、自営のお仕事をしている札幌在住の男性です。

脱サラをして自営になったものの、なかなかお仕事に繋がらない状況にありました。家賃を払えるかどうかもわからない状態に陥られ、私を訪ねられたのです。

金銭的な悩みということでしたので、お金に対して、どんなイメージを持っているか、ヒアリングをしていきました。

すると、収入があっても、喜ぶより、またすぐにお金がなくなってしまうという不安を感じてしまうのだそうです。

お話を伺うと、ご両親がいつも「お金がない」「貧乏だ」とおっしゃっており、金銭的な不安感を植え付けられることが多々あった、ということでした。

私は吉田さんに、事前に、人生の年表を書いてきてもらえるようお願いしていました。年表には、非常に印象的な、ある意味、文章全体からは不釣り合いな言葉がありました。

自分はもう世界の中心に戻れない

と書かれていたのです。

小学校5年生のとき、吉田さんは学級代表に選ばれたそうですが、その後、クラスメートとうまくいかなくなってしまったそうなのです。

それまで、スムーズに人生を歩んでいた吉田さんにとって、衝撃的な出来事だったということでした。

年表には、当時の吉田さんが感じた率直な気持ちとして、「自分はもう世界の中心に戻れない」と書かれていたのでした。

その出来事以降、クラスでも身長が高い方だった吉田さんでしたが、身長が伸びなくなってしまったと話されるほどでした。

「目立つと周囲に叩かれる」「目立ってはいけない」という感情が、発育に影響したのかもしれません。

私は、吉田さんに、

「今から紙に、『私はこのまま一生、世界の中心に戻れない』と書いてください。そして、その後に浮かんできた感情、考えを、すべて実況中継するつもりで、どんどん書いていってください。
もし何を書いていいのかわからなくなったら、『書くことがなくなった』というふうに、心の動きをそのまま書いてください」

と伝えました。そして吉田さんは、浮かんでくるままに気持ちをつづり始めました。
5～10分ほど経った頃でしょうか。吉田さんの手がピタリと止まりました。

「もう浮かんできません」

「では、『もう浮かんでこない』とそのまま書いてください。そしてまた何か浮かんだら書いてください」

少し経つと、また吉田さんの手が動き出しました。

たくさんのキーワードが書かれていきます。

書きすすめては止まり、また書きすすめては止まり……。

ときに苦しそうな表情を見せながらも、心に浮かぶ葛藤をそのまま書き記していく吉田さん。

吉田さんは、最後に、キーワードとなるひと言を書きました。

その言葉には、吉田さん自身も驚いた様子でした。

俺は世界の中心に戻る

と、力強い言葉が書かれていたのです。

この言葉にたどり着くまで、吉田さんは、決して、手を止めることなく、葛藤を記しました。

自分の中で抑え込んできたネガティブな感情と正直に向き合いました。

そして吉田さんは、自分の本当の気持ちを抑え込むきっかけとなり、自分の可能性を閉じ込める契機となっていた、重要な出来事にたどり着くことができたのです。


それから3週間後。

吉田さんから、仕事が順調に決まるようになってきたと連絡をいただきました。


幼い吉田さんにとって重大な出来事だったクラスメートとの不和。

大人になった吉田さんにとってみて、それは、過去の出来事のひとつに過ぎません。

その出来事を、大人になった吉田さんが認め、受け入れたことで、吉田さんは本来持っている力を発揮することができるようになったのです。

ネガティブな感情を吐き出していく

吉田さんのように、自分の中のネガティブな感情と向き合っていくと、

・本当に自分には無理かもしれない
・やっぱりできない
・どうせ、私には価値がない

こうした気持ちにさいなまれることがあるでしょう。

大丈夫です。信じて進めてください。
ネガティブな感情を出し切ることによって、本当の気持ちや願いがわかると、必ず穏やかな気持ちが訪れます。

ありのままの自分。
等身大の自分。

本来のあなたに戻ったとき、自然と、肯定的で前向きな気持ちが訪れます。

巷でいわれる「プラス思考」が、本当の意味で効果を発揮するのは、あなたの心をニュートラルな状態に整えていく中で、プラス思考を受け入れていく準備が進んでからです。

Magic1で、プラス思考は日本人に合わないと書きましたが、ポイントになるのは「プラス思考を取り入れる時期」です。

つまり、等身大の自分を受け入れ、自分の本当の願いに気づき、感情の状態が安定し、「心の土台」がしっかり出来上がって初めて、プラス思考は効果を発揮するのです。

Magic 4

「魔法の言葉」ができるまで

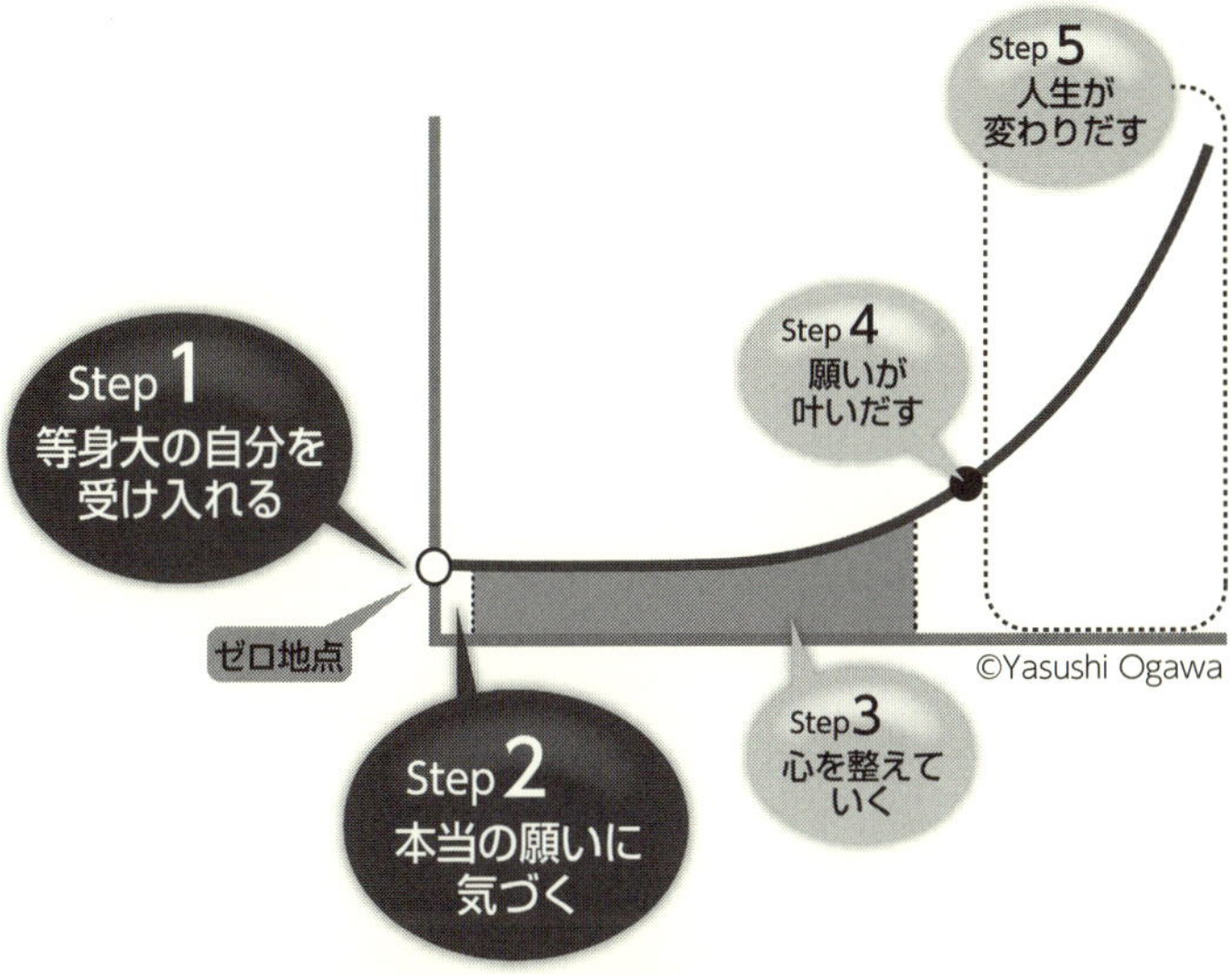

どうして「魔法の言葉」ができたのか

私は今、天職に就き、自分が願うとおりの人生を生きています。

しかし、数年前までは、全く別人のようでした。弁護士を目指してロースクールに入学したものの、残念ながら私には全く向いていなかったことがわかったからです。

そのとき、私は、35歳でした。

これから一体どうやって生きていったらいいのだろう……。アルバイトしか経験したことがなかったので、この年齢から会社員になることはイメージできず、私は途方に暮れました。

当時はブログが流行り始めたときで、ブログで商品を紹介して収入を得る「アフィリエイト」というものがあることを知りました。

文章を書くのは昔から好きでしたし、ブログでも書いて、何か収入を得られるようにするか……。

弁護士は向いていないとわかったので、その年の司法試験受験はしなかったものの、将来は受けるかもしれないし……。だったら、時間に縛られずに、家の中でできる方法で収入を得ようと考えました。

当時はまだ、心のどこかで司法試験を受ける可能性を残していたのですね。

ブログを開設したのは、２００７年3月末。

テーマは潜在意識に関わるものでした。

ブログを書き始める直前まで、私はＣＤ教材で潜在意識について学んでいました。このＣＤ教材が、とても素晴らしい内容でした。そのうち、この教材をブログで紹介して、アフィリエイトをするかもしれない……そんな漠然とした気持ちでブログを書き始めました。

もともと、潜在能力開発に関しては、中学生の頃から興味がありましたし、高校の頃から心理学に関する本はかなり読んでいました。

大学生の頃、法学部にもかかわらず、他学部の心理学のクラスを受講し、心理学の卒論を書き上げたことは前述したとおりです。

私の人生を変えた、ある本

ブログを書き始めると同時に、改めて、潜在意識の書籍を何冊か購入したのですが、その中に、私の人生を変える、きっかけとなった本がありました。

現在は絶版になってしまったのですが、アメリカに実在するミリオネアが著者の本でした。


この本には、「願いを叶える、とっておきの方法」が書かれており、具体的には、「インナーCEOという内なる信頼できる存在に、何を叶えたいのか手紙を書いてください。そうすると、書かれたことが実現しますよ」というものでした。

実際にどのような手紙を書いたらいいのか、たくさんの具体的な例文が掲載されていました。

これは自分でも簡単にできそうだなと思い、私は本を読み終える前に、さっそく手紙を書き始めました。

成功者の教えに、共感できない

しかし、私は壁にぶち当たってしまいます。

手紙を例文どおりに書くのがとても難しかったからです。

なぜなら、その本の著者は、すでに成功したミリオネアで、次々と新事業を立ち上げているような人物でした。それにひきかえ、私は35歳にして無職。貯金は数万円。弁護士にならないのだったら、いまさらどうするの……という状況の人間です。

途方に暮れて藁《わら》にもすがる思いの私と著者とでは、置かれた環境に天地ほどの差がありました。私は徐々に、書かれている内容に共感できなくなっていったのです。

もともと成功者が書いている本ですので、ネガティブな感情が全くといっていいほど見当たりません。

・私には自信がない
・私には価値がない
・もう私はダメかもしれない

長年目指してきた弁護士の夢をあきらめて、そんな思いでいっぱいだった当時の私。でも、本に書かれている例文には、「感情的な葛藤」が一切感じられず、もちろん「自己否定の気持ち」も一切感じられません。

「売上ノルマを達成したい」「会社経営をもっと軌道に乗せたい」等々……私にとってあまりにも別世界の話で、共感できる部分がひとつも見当たらなかったのです。

やっぱり私はダメなんだ。

絶望的な気持ちで、私は途中で本を閉じました。それ以降、その本を最後まで読むことはありませんでした。

心の内を吐き出し続ける

本を途中で投げ出してしまった私でしたが、ひとつ、ヒントを得ることができました。なぜだか興味をひかれる表現があったのです。

たくさん書かれていた手紙の例文の、始まりと終わりは、ほぼ似たような雰囲気の定型文でした。

例えば、たいてい次のような内容で文章が始まり、

「次のことを実現できるように、あなたが直接手を貸してくれるか、または必要な人材・アイデア・資源・技術・戦略を私にもたらしてくれるか、あるいはその両方をしてくれ

ることを希望します」

次のような内容の文章で締めくくられていました。

「ただしこれは、私の意識という限られた視野で考えた望みです。もっとよい結果が得られるなら、それをもたらしてください」

これらの文章を目にした瞬間、

「そうか、私はずっと弁護士を目指していたけれど、それはきっと、限られた視野で考えた望みだったんだ。私が持っている資質を存分に生かしたら、もっと違う、思いがけないよい選択肢があるのかもしれない」

私は、「自分自身にも選択肢がある」と、自分の可能性を信じられるようになったのです。

もともと自分の可能性を生かしたいと思っていたからこそ、潜在意識の世界に心惹かれる部分があったわけです。今の自分で考えつく範囲だけでなく、もっと別の方法で、答えが導き出せるのではないかと思えたことで、自分なりに手紙を書いてみようと思うことができました。

そして私は、自分なりに、心の内を吐き出すように、「インナーCEO」宛に文章を書いていきました。

私は自分と向き合い始めます。

本の著者が描いているような成功している未来を全く想像できず、苦しくなった私でしたが、率直な気持ちを、そのまま素直に、パソコンで、ワードに打ち出していきました。

例文のような希望に満ちた願いなんて、これっぽっちも思いつきませんでした。

「とにかく、もうこんな生活は嫌なんだ！」

「でも、どうしていいのかわからない！」

そんな葛藤を、私は1週間ひたすら書き続けたのです。ときには、タイプする指が完全に止まってしまった日もありました。

その量は、ワードにして四十数ページにもなりました。

そして約1週間後、完成に近づくにつれ、ようやく未来への希望の兆しが感じられるようになりました。

ここで、私が一体どんな文章を書いたのか、ご紹介したいと思います。

私は未来がどっちに向かっているのか、わかりません。途方に暮れて不安です。ロースクールでの3年間、自分なりに頑張ってきましたが、もう限界です。毎日、睡眠薬を飲まないと寝られないほど、ストレスだらけの日々。毎日課される課題の山。周囲との比較の日々。劣等感。焦り。自己否定……

もうこんな生活は嫌なんです！　本当に嫌なんです！
法律は私には向いていないと思います。
でも、もう35歳です。一体私は、これからどうしたらいいのでしょう？
私の人生は一体なんだったのか？　わからない、わからない……

とにかく、もうこんな生活嫌なんです！

このような調子で、当時感じていたストレスを、思いつくままに書き続けたのです。ポジティブな要素など全くありません。ストレスをぶつけただけ、といっても過言ではありません。

しかし、こうしたストレスや自分にとって嫌なことを書き続けることが、「魔法の言葉」の出発点となっていきました。


私は、もうストレスの多い、我慢してしまう生活は嫌なのです。

自分に合わないことを、競争しながら、人と比較しながら頑張ることはもう嫌です。

なぜなら、私は完璧主義の傾向があり、たくさんの仕事を時間めいっぱいに受けると、ストレスを感じ体が不調になります。

3年間、不眠症になり、もうこんな生活はごめんです。二度と経験したくありません。

〜中略〜

私は、本心では、楽しいことをしてお金を稼ぎたいのです。

今まで、そういうことを言う人を軽蔑してきましたが、これは「努力して頑張るのは素晴らしい」という親からの価値観に影響されてきたということに気づきました。

私は時間にゆとりのある生活を本心では望んでいるのです。
ゆとりを持ちつつ、自分の才能と個性を発揮でき、自分も楽しみながら仕事ができ、収入が入る生活を望んでいるのです。

自分にとってのストレスや、嫌なことを書き続けていった結果、私は自分の中に、意外な答えを発見します。

それは、自分の中に、本当は、「自分の才能や個性を発揮したい」「自分にとって楽しいと思えることをして収入を得たい」という思いがあったということです。

このときに初めて、「弁護士にこだわる必要はなかった」ということがストンと腑に落ちたことを、今でもよく覚えています。

しかし、自分がどうやって収入を得たいのか、なんとなくはわかりましたが、実際のところ、どうしたらいいのか、私には皆目見当がつきませんでした。

それもそのはずです。私にはアルバイト経験しかなく、雇用されること以外に、どうやってお金を稼いだらいいのか、わかりませんでした。

私はさらに、書き進めました。

そのうち、次のような文章が出てきます。

> 収入を得る手段として、自分の才能や個性を発揮できれば、後ろめたさも感じませんし、誰に文句も言われません。たとえ、楽しくお金を稼いでいても、才能を生かしていれば、文句も言われず、私は自由を手に入れることができます。
> 私は、人からあれこれ指示されると反発するので、自分で自由に使える時間で、好きなことをして、そして才能を生かして、人に役立つことができれば、最高です。

やはりここでも、「才能を生かして、収入を得ること」が、当時の私にとって、重要だったことがわかります。

今でも覚えているのですが、「では、仮に宝くじが当たって、遊んで暮らせるお金が手に入ったら？」「思いがけない相続で、ラクにお金が手に入ってきたら？」と想像してみたのですが、全くワクワクしませんでした。

私の本当の願いは、「自分の才能を生かしたい」「才能を生かしているという実感がほしい」ということだったのです。

きっと、それまでの私だったら、「自分の才能を生かして収入を得るなんて、できるはずがない！」と思って、本当の気持ちを打ち消してしまっていたと思います。しかし、1週間かけて、自分の気持ちを見つめ続けていた私は、「自分の感情の動きに素直になっていた」のです。

大切なことは、時間をかけて自分の心を見つめていき、「心から納得できる答え」にたどりつくことであり、さらに重要なのは、「気づく過程」です。

気づきを重ねることで、あなたはあなたの本当の気持ちに気づきやすくなっていくのです。

日々、自分の感情に目を向けてみよう

私は、1週間かけて、心の内を吐き出すことで、自分の本当の気持ちと願いを知ることができました。

必ずしも、1週間かけなければいけないというわけではありません。

日頃から、自分が今、何を感じているのか、どう感じているのかといった、心の動きを感じようと努めるだけでも、現実を変えていくことは可能です。

日々、自分の感情と向き合いながら、Magic3を参考に、プラス思考で感情にフタをしてしまっていないか、本音を打ち消してしまっていないか、いい人でありたいと思ってしまうクセはないか、一定の思考パターンがないか、などといったことにも気を配ってみてください。

きっと、本当の気持ちや願いを知る助けになるはずです。

「自分の本当の気持ち」とは、湧き起こる感情をそのまま受け止めることから出発します。

私の書いた文章を参考に、あなたの「今、心の中にあるつぶやき」「感情」を思いつくままに書いていってみてください。

分量は多くても少なくても、何ページになっても構いません。

Magic5で、具体的な作成方法をご紹介します。

Magic 5

自分の気持ちを知る「魔法の言葉」を作ってみよう～ワーク1

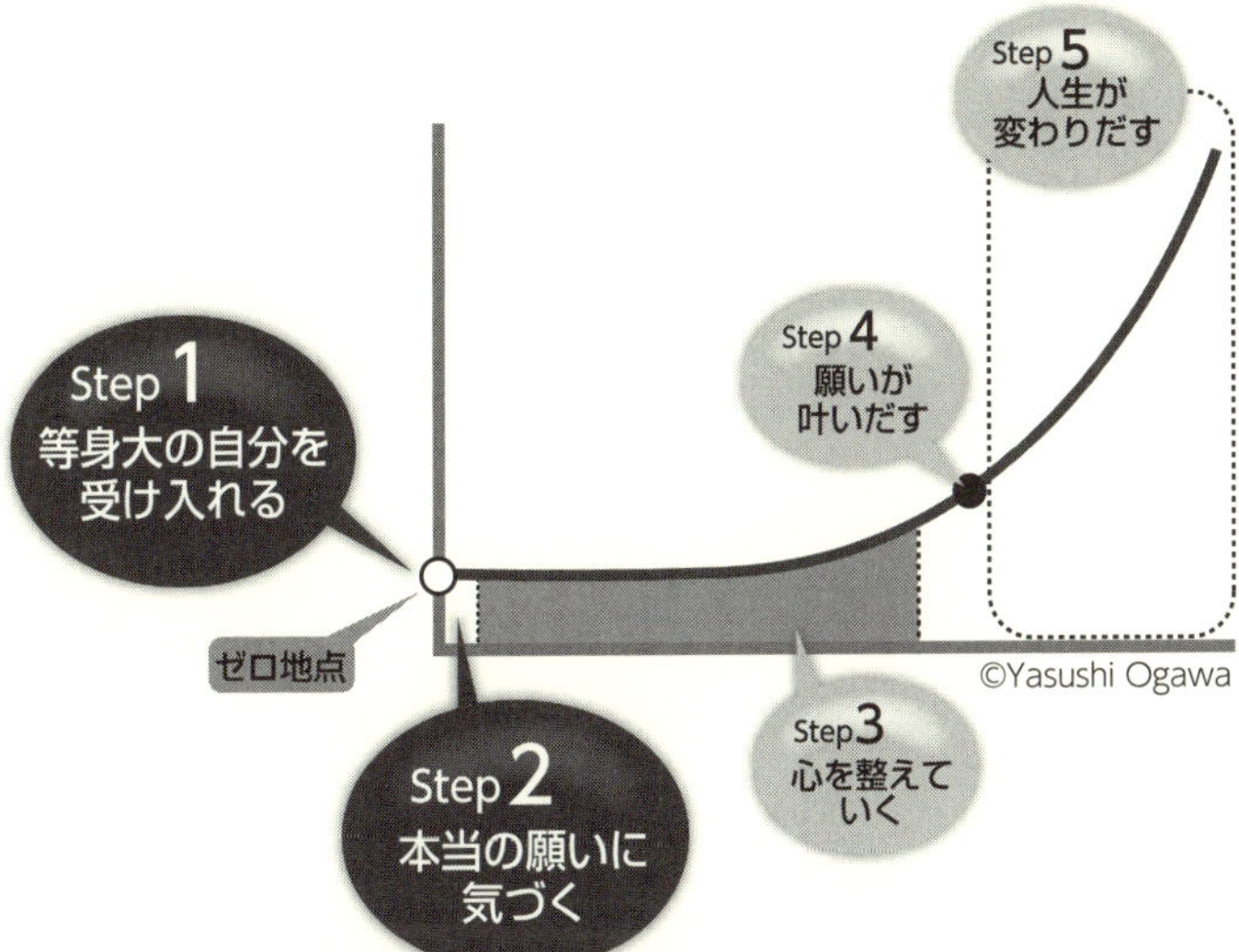

今の自分の気持ちがわかる「魔法の言葉」

「魔法の言葉」を作って、自分の本当の気持ちと願いを知りたい。

そんな気持ちが高まってきたのではないでしょうか。


私が1週間かけて書き上げた「魔法の言葉」と同じものをいきなり作ることには抵抗があるかもしれません。

その場合は、短文の「魔法の言葉」を作ってみてください。

これは、本格的な「魔法の言葉」を作るための、準備運動にもなります。

もちろん、自分の今の気持ちや願いを知るきっかけになっていきますので、取り組む価値は十分にあります。


それでは、以下の質問に答え、あなたの心の動きを観察してみてください。

〈短文「魔法の言葉」のワーク〉

1. 椅子に座って目をつぶり、心を落ち着けましょう。
2. 自分の呼吸に意識を集中します。「吸う」「吐く」を意識しながら、5回ほど深呼吸を繰り返してください。
3. だんだんと心が静かになっていきます。その状態のまま、心の中で次のように唱えてください。声に出さなくても大丈夫です。
「私の本当の気持ちに素直になれますように」
4. そのまま目をつぶり、次の質問の中からどれかひとつを選び、心の中で問いかけてください。
☆私の叶えたい願いはなんですか?
☆私が今、解決したいと思っているテーマは何ですか?
☆私が今、気になっていることはなんですか?
5. 心の中を静かに見つめ、パッと思い浮かんでくることを感じてください。

6. 目を開けて、5で思い浮かんだことを、書いてみてください。書き出しは必ず「私は」にしてください。その方が心の深い部分にアクセスできるからです。

例：私は、会社の人間関係をもっとよいものにしたいと思っています。

（　　　　　　　　　　　　　　　　　　　　　　　　　　　）

7. 再び目をつぶり、6で書いたことを復唱してみてください。声に出さなくても大丈夫です。そして、心にどんな感覚が起きるのか、どのような言葉が浮かんでくるのか、感じてみてください。何度か復唱して感覚を確かめてもいいです。

8. 目を開け、7で浮かんだことを書いていってください。

（　　　　　　　　　　　　　　　　　　　　　　　　　　　）

1から8までを1週間、毎日続けてみてください。何か違うキーワードが浮かんでくるかもしれません。前の日と全く違う内容になっても構いません。

この1週間は、自分の心の声に気づく練習をすることが目的ですので、気楽に取り組んでみてください。

最初のうちは、心の声が浮かばなかったり、心の声を聴くことに抵抗がある場合もあります。その場合は、そのままを書いてください。

例えば、「今日はやる気になれない」「こんなことやっても変われるの？」等々……。

これこそが、ネガティブな感情を解放する第1歩なのです。

書き込んでも、まだ何か残っているような感覚があるかもしれません。

それでも大丈夫です。

そのままのあなたの状態を受け入れることが、大事なのです。

Magic 6

なぜ「魔法の言葉」が人生を変えるのか

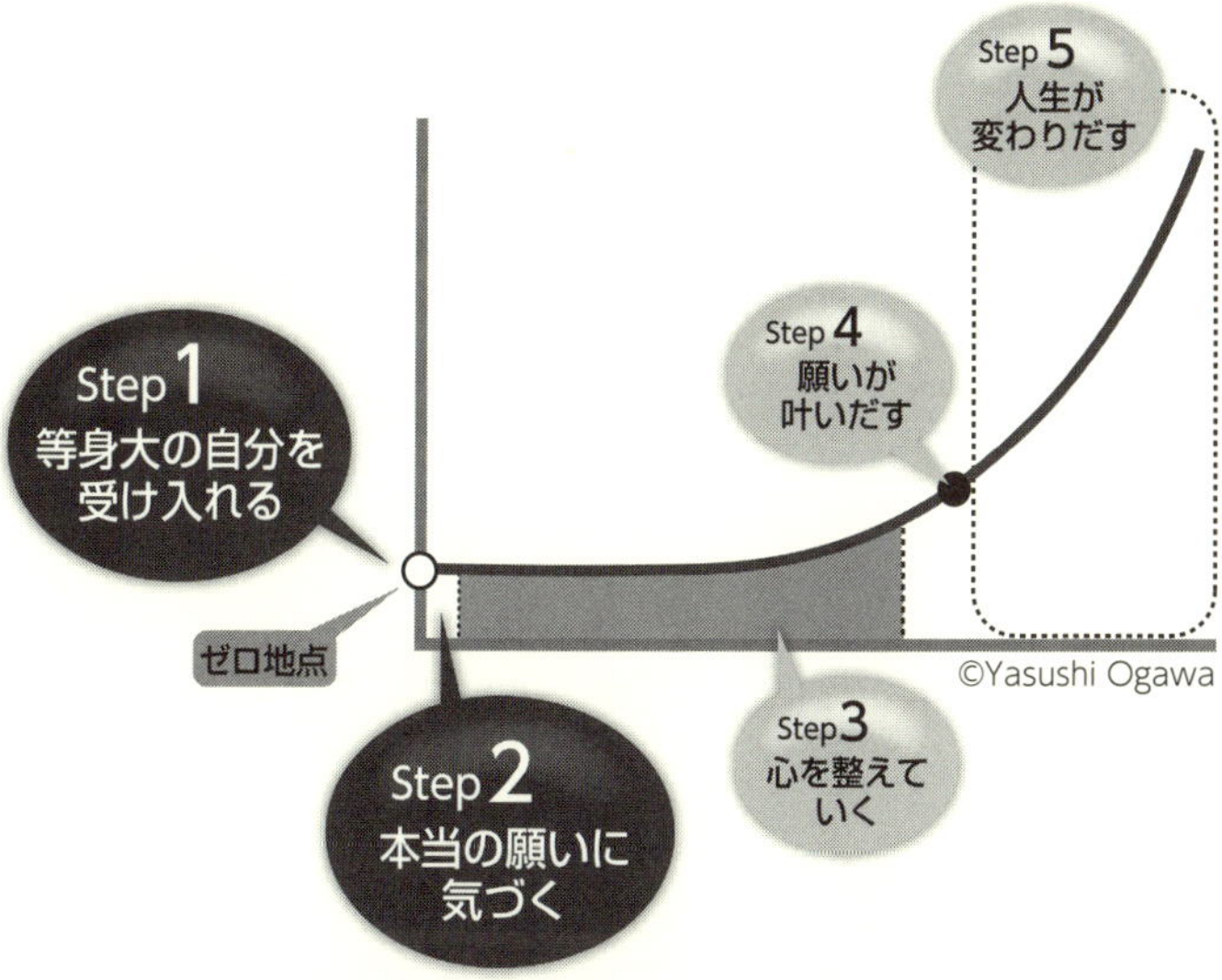

嫌なことを書き続けた結果、願いがわかった

本章では、私が本当に自分で願っていることに気づかせ、その願いを叶え、天職に就くまでに至るきっかけとなり、まさしく私の人生を変えた「魔法の言葉」について、なぜ、人生を変えることができたのか、解説していきたいと思います。

前述したように、「魔法の言葉」は、ワードで四十数ページもの量になりました。

そこで、意味のある箇所を部分的にピックアップして、「何がポイントで」「どの言葉が魔法を起こしたのか」「魔法の言葉を作成した後に、何が起きたのか」を解説していきたいと思います。

私が魔法の言葉を作成するきっかけになった本には、「インナーＣＥＯ」宛の手紙の例文が掲載されていました。

ただ、成功者の書いた例文だったので、当時の私とは全く環境が違いすぎて共感できませんでした。

また、ネガティブな気持ちだらけだった私には、例文のように「前向きでプラスのイメージのある未来」を描くことができませんでした。

何よりも一番、困ってしまったのは、「私には、そもそも自分の願いがなんなのかが、わからない」ことに気づいてしまったことでした。

「弁護士に向いていない」ということだけはわかりましたが、今まで目指していた地点に向かうハシゴを、急に外されたような気持ちになり、「どこに向かって進むべきか」が全く見えなくなっていたのです。

文字どおり、途方に暮れていました。

そこで私が実践したことは、「やりたいこと」「願い」ではなく、「嫌だと思うこと」「こんな経験はしたくない」ということを書いていく方法でした。

それしか方法がなかったのです。

私は未来がどっちに向かっているのか、わかりません。途方に暮れて不安です。ロースクールでの3年間、自分なりに頑張ってきましたが、もう限界です。毎日、睡眠薬を飲まないと寝られないほど、ストレスだらけの日々。毎日課される課題の山。周囲との比較の日々。劣等感。焦り。自己否定……

もうこんな生活は嫌なんです！　本当に嫌なんです！
法律は私には向いていないと思います。
でも、もう35歳です。一体私は、これからどうしたらいいのでしょう？
私の人生は一体なんだったのか？　わからない、わからない……

とにかく、もうこんな生活嫌なんです！
～中略～
私は、もうストレスの多い、我慢してしまう生活は嫌なのです。
自分に合わないことを、競争しながら、人と比較しながら頑張ることはもう嫌です。

なぜなら、私は完璧主義の傾向があり、たくさんの仕事を時間めいっぱいに受けると、ストレスを感じ体が不調になります。

3年間、不眠症になり、もうこんな生活はごめんです。二度と経験したくありません。

〜中略〜

私は、本心では、楽しいことをしてお金を稼ぎたいのです。

今まで、そういうことを言う人を軽蔑してきましたが、これは「努力して頑張るのは素晴らしい」という親からの価値観に影響されてきたということに気づきました。

私は時間にゆとりのある生活を本心では望んでいるのです。

ゆとりを持ちつつ、自分の才能と個性を発揮でき、自分も楽しみながら仕事ができ、収入が入る生活を望んでいるのです。

「嫌なこと」を書き続けていった結果、意外な考えを発見します。それが、

- **「楽しいことをして収入を得る」という発想**
- **「自分の才能や個性を発揮したい」という思い**

の2点でした。

しかし、それまでの私は、アルバイトの経験しかなく、まともに「ビジネス」について考えたことなど一度もなく、雇われる以外の「お金の稼ぎ方」に関する知識は、皆無でした。

もっとも、ブログを開設したのは「アフィリエイト」という、パソコンを使ってできる仕事を知ったことがきっかけでしたので、そのことは念頭にあったと思います。

それでも、「アフィリエイト」という仕事に限定して、稼ぎたいと書かなかったのは、「インナーCEO」宛の手紙の、冒頭と文末の例文が、「選択肢を広げる言葉で構成されていた」ことが印象に残っていたからだと思います。

選択肢を広げることで、「～でないといけない」という思い込みを外し、より願いが叶う可能性を広げるという感覚を、例文からつかんだのだと思います。

そして、私は次のように文章を続けました。

> 収入を得る手段として、自分の才能や個性を発揮できれば、後ろめたさも感じませんし、誰に文句も言われません。たとえ、楽しくお金を稼いでいても、才能を生かしていれば、文句も言われず、私は自由を手に入れることができます。
> 私は、人からあれこれ指示されると反発するので、自分で自由に使える時間で、好きなことをして、そして才能を生かして、人に役立つことができれば、最高です。

抽象的ですが、収入を得る手段としてはやはり、「才能を生かすこと」が、当時の私にとっては、重要だったようです。


少しずつ、本当の願いがわかってきます。

でも、ここで私は大きな壁に、ぶち当たります。


それは、「でも、一体どうやったら願いどおりの条件に当てはまる仕事を見つけられるのか」という疑問に答えが出なかったことです。

「アフィリエイトでそこまでできる」とも思えませんでしたし、本当にやりたい「才能を生かす」ということには当てはまらないように思ったのです。


この段階で苦労したのを今でも覚えています。

私は自分の人生を振り返り、「一体今まで何が得意だったのか」「何に夢中になっていたのか」を必死で思い出そうとしました。

そして、絞り出したのが、次の①から③でした。

私が得意とすることは次のとおりです。
①文章を書くこと
②人の相談を受けて、それに回答すること
③人にわかりやすく教えること

①から③の共通点は「抽象化されていること」です。
具体的ではないことがポイントです。

これを書いたときのことを、私は今でもはっきりと覚えています。

「①文章を書くこと」の部分ですが、書くときに、「作家」や「エッセイスト」という単語も頭をよぎりはしました。

しかし、1週間かけて感情の違和感に気づく力を高めていたので、「まさか自分はそんなふうにはなれない」という、自分の率直な気持ちに気づいたのです。

同様に、「②人の相談を受けて、それに回答すること」に関しても、一瞬「カウンセラー」という単語も思い浮かんだのですが、「今からまた学校に通って、しかも食べていけるかどうかもわからないのに……」と考え、抽象的な表現にとどめました。

「③人にわかりやすく教えること」についても、「塾講師」や「予備校講師」と表現することもできましたが、「自分が一生続けられる仕事ではない」と自分の中に打ち消す声があったので、抽象的な表現にしました。

私はもともと、ロースクール時代に、予備校で小論文を教えていたり、その前も個別塾で講師をしたりしていました。

ですから、「教える」という行為は得意だったのですが、自分自身がアルバイトでしか働いたことがなかったので、「一生続ける」ということにリアリティを持てなかったのです。

そして、次のように続けました。

・これらを使って、収入を得られる基盤を今年中に作りたいです。
・しかも、それは日本中どこにいても仕事ができ、ネットだけでも仕事が成り立ちます。

今振り返ると、「基盤を作る」という言葉がポイントだったことに気づきます。
その言葉は、私に大きな安心感をもたらしました。

そのとき、ブログを書き始めたばかりでしたので、「『基盤を作る』ということであれば、ブログを書き続ける中で、『何か』ができるかもしれない。ブログを書くことそのものが、基盤作りに繋がるし」と考えたのです。

ブログを書くことは、私が「得意なこと」として挙げた①から③のすべての要素を満たしています。

①の「文章を書くこと」は、ブログを書くことにそのまま通じますし、ブログを書く際、できるだけ多くの人にわかりやすく表現することで、③の「人にわかりやすく教えること」が実現できますし、②の「人の相談を受けて、それに回答すること」も、ブログの記事へのコメントに返信したりすることが、その要素を持っています。

だからこそ私は、「ブログの文章をわかりやすく書くことで、自分の得意なことをすべて満たすことができる」と、自分のやっていることに対して安心感を持つことができました。

抽象化された言葉のよい点は、どの瞬間においても「叶っている状態」を保つことができるところです。つまり、Magic1でお話しした、「自分の願いが叶う実感」を感じ続けられるのです。

安心できる言葉というのは、心の振り子の揺れを小さくさせる効果があります。

①揺れが大きい
−
+
②
安心できる
言葉
③揺れが小さい、もしくは止まる
−
+
安心感

ですから、「魔法の言葉」の最後は、安心できる言葉で締めくくるようにすることがコツです。

「魔法の言葉」作成後に起きたこと

この魔法の言葉を作成後、私の身に実際に起きたことを箇条書きにまとめてみます。

1. (魔法の言葉を作成した2007年4月から、以下同)約4か月後、ある日突然「無料電子書籍を書こう」と思いつく
2. 約7か月後、夢中で書いていったら、400ページ近くになり、販売することにする
3. その過程の中で、人との出会いに恵まれる(今の仕事にたどり着く、私の師匠ともいうべき方との出会い&私のセミナー開催をプロデュースしてくれる方との出会い)

4. 師匠と意気投合して、潜在意識とアファメーションについての知識を伝授される
5. 約1年3か月後、セミナーを開催し、願い実現カウンセラーになる
6. 約5年後、セミナー講師、願い実現カウンセラーの実績を積み、独立して自分の養成講座を開講
7. 約5年後、執筆活動を開始する

「1」の無料電子書籍の執筆も、「2」の有料電子書籍の販売も、「5」のセミナー講師やカウンセラーになることも、すべて、私が「魔法の言葉」でつづった「文章を書くこと」「人の相談を受けて、回答すること」「人にわかりやすく教えること」に関係しています。

「1」は、ブログのコメント欄に質問が多くなってきたので、よくある質問をまとめて、PDFにしようと思ったことがきっかけでした。

その延長線上に、あまりにもページ数が増えたので「販売してみよう」という発想が生まれました。

もともと「魔法の言葉」で書いた、得意な3つの事柄はどれも自分の好きなことばかりでしたので、純粋に取り組んでいるうちに、自然と流れを引き寄せたのだと思います。

そして、あの抽象化された「収入を得られる基盤」を作ることがまさに「1」でなされ、その結果「2」があり、実際に「収入を得られること」になったのです。

もし最初から具体的な表現にこだわり、「絶対に有料の電子書籍を書く」などと決めていたら、かえって実現しなかったと思いますし、実現したとしても遅かったと思います。

「頑張らないと」「やらないと」というストレスを一切感じることなく、**「今の私でも十分に基盤を作っている」という自己肯定感、安心感が、願いを叶えてくれた**のだと思います。

抽象化された言葉は、その時々の自分の成長度合いに応じて、現実化を促してくれる最善策だったのです。

抽象化されているからこそ、「どの瞬間も叶っている状態」になり、自己肯定感が育ち、心の土台が強化され、「心の振り子」が揺れにくいのです。自己肯定感があると、人と比較したりして無駄なエネルギーを使うことが少なくなり、心の振り子が揺れにくくなります。

そうしたニュートラルな状態だからこそ、願いが叶っていくのです。

「魔法の言葉」で運命が変わった〜Oさんのケース

では、ここで私以外にも「魔法の言葉」の作成をきっかけに、人生を大きく変えたケースを紹介します。

現在、ビジネスプロモーターとして活動されているOさんのケースです。

Oさんは、もともとカーディーラーでセールスマンをしていました。

それなりの業績を残していたものの、何か物足りなさ、そして何よりも周囲の人間関係に苦悩していたといいます。

「俺はもっとできる！」
「俺にはやれる！」

と、プラス思考を取り入れて仕事に没頭した結果、セールスマンとして、それなりの成績は残せたものの、精神を病み、心療内科にかかる事態となってしまいました。
家族関係やその他の人間関係も悪化し、苦悩の日々を過ごすOさんは、こう考えるようになりました。

「これが、自分の本当に望んでいたものなのだろうか……」
「もっと無理なく成長できる方法はないのだろうか……」

縁あって「魔法の言葉」を知ることになると、Oさんは早速、実践に移りました。
2010年3月のことです。

ひとりホテルにこもって、自分と向き合います。

何かを成し遂げようとしても、いつも中途半端な結果に終わってしまうこと、本当は車のセールスが好きではないこと……。

特に人間関係については、大きな気づきがありました。

これまで、すべて自分ひとりでできるというおごりがあったこと。
同時に、自分ひとりではできないこともあると気づいたこと。

そうした自分の無力さを認識したのです。

Oさんは、こうしたネガティブな感情も含めて、ありのままの気持ちをつづりました。

そうするうちに、自動車業界で働く人のために「業界自体をもっとよくしたい！」「過剰な負荷をかけずに、業績を上げる方法を広めたい！」という思いがあることにも気づきました。

そして、この「魔法の言葉」を書いた直後から、現実が動き始めます。

勤めていた自動車メーカーの、世界各国の支社の代表が、プレゼンテーションスキルを競う大会に向けて、資料画像作成に限界を感じていたところ、協力を申し出てくれるスタッフが現れました。

さらにもうひとり、協力を申し出てくれて、3人で力を合わせた結果、全国大会で優勝、日本代表に選ばれるほどの結果を残すことができたのです。

このプレゼンテーションは、自動車保険の獲得方法について、機会損失しているマーケットと、その攻略法を提唱したものでした。

内容が評判を呼び、他のメーカーや保険会社等からも取材が来て、全国3000店舗のカーディーラー向けにDVD化され、配布されました。

それだけでなく、Oさんは、インターネットビジネスの第一人者や、ソーシャルメディアブランディングの成功者、ネットマーケティングのプロなど、各業界の第一線で活躍する人たちと出会う機会に恵まれます。

また、時同じくして、あるベンチャー企業の営業部取締役に抜擢されるのですが、「自分が本当にやりたいことではない」と判断、人間関係にも疑問を感じ、2か月後に退任しました。

「魔法の言葉」を作成する過程で、自分の感情や気持ちに敏感になっており、「自分軸」が形成されつつあったため、自分の中の違和感に気づくことができたのです。

そして、Oさんは、サラリーマンを「辞める」という決断をします。

その後、様々な出会いが重なり、尊敬する起業家の方からヘッドハンティングを受け、社内でビジネスコンサルティング事業部を立ち上げ、統括責任者となります。

現在は、著名なビジネスパーソンの方々によるセミナーや新規事業をプロデュースするまでになりました。
収入も、思い描いていたよりも多く得られるようになったそうです。
ネガティブな感情と向き合い、自身の素直な感情を知ることができたOさん。
最終的に、どのような「魔法の言葉」を書かれたのでしょうか？

①話す、書く、分析する、相談を受ける、組み合わせる、行動力、人脈を生かして収入を得られる生活をする。
②著名な人を、さらに私の能力でサポートし、それによって収入を得られるようにする。
③①②は、自分が本心からしたい！　楽しい！　喜ばれる！　と思えることである。
④基盤と実績を1年以内に作り、それだけで生活していけるようになる。
⑤好きなときに、私の愛する人と好きな土地、国で暮らし、仕事はネットや出

張だけでも成り立つようになる。

Oさんの人生が、「魔法の言葉」につづったとおりの方向へ大きく動き出していることがわかります。

抽象的な言葉を使うということは、「叶うレベルに上限を設けない」ということでもあります。

もし、サラリーマンだったOさんが「(勤めていた会社の)プレゼンテーション大会で優勝する！」と「魔法の言葉」を書いていたら、今のビジネスプロモーターとしての活躍はなかったでしょうし、「年収は○○万円以上になる」としていたら、思い描いた以上の額を得られるようになることはなかったでしょう。

Magic 7

人生を変える「魔法の言葉」を作ってみよう ～ワーク２

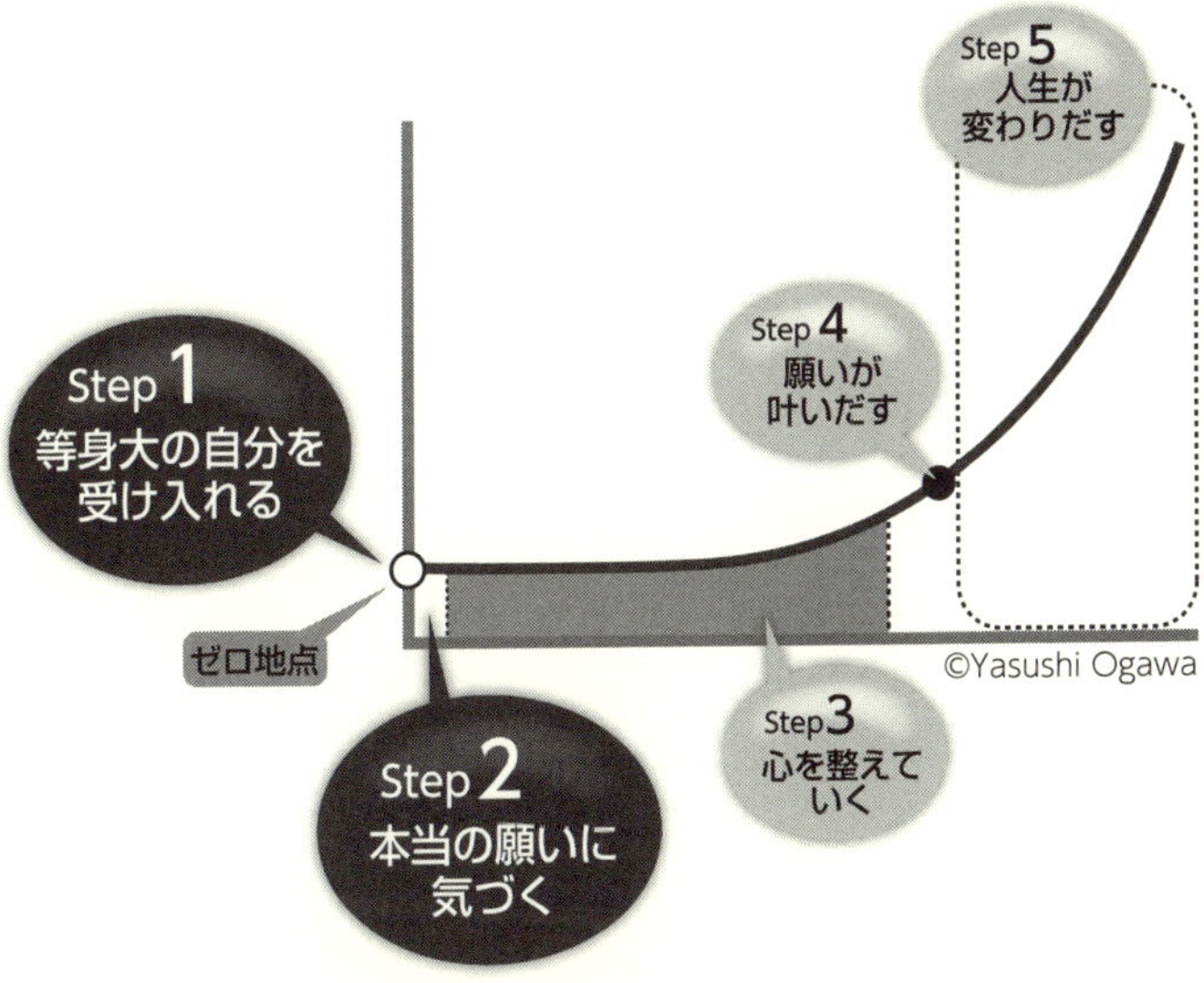

人生を変える「魔法の言葉」作成法　1日目

人生を変える「魔法の言葉」は、約1週間かけて、じっくりと書いていきます。

作成する際の大まかな流れですが、まず最初に、願いを簡潔に書き、浮かんでくる心の声を拾っていきます。心の声は、願いに対する「心の抵抗」だと思ってください。そして、その心の抵抗がやわらぐような文章を次に作ります。さらに、その文章を読んで心の声を感じます。

これを続けていき、「安心できるな」と思えるところで止《と》めます。

① 自分の願いを書いてみる

方法は、パソコンでも手書きでもどちらでも構いません。**重要なのは「本人の**

納得感」「**安心感**」です。手書きの方が納得したり安心できるのであれば、手書きにしてください。「書くのは疲れるので抵抗がある」という方は、パソコンで打ち込んでください。私もパソコンを使いました。

② 目をつぶり、①を唱えてみる

そして、どんな気持ちになるのか、あるいは何が浮かんでくるのかを感じます。目を開けて、浮かんできた抵抗（不安、恐れ、見たくない、感じたくない、という気持ち）や、素直な気持ちを書いていきます。

きれいな文章を書く必要はありません。

「ああ、ダメだ、よくわからない。本当は自分の気持ちに気づくのが怖いのだろうか？」などのように、**心のつぶやきを、そのまま書き留めることが大事**です。

③ ②を眺め、心の抵抗が少なくなるような言葉や文章を考えてみる

あるいは「選択肢を広げるような言葉」はないか考えてみる。それらの言葉をそのまま書いていく。

④　②〜③を何回か繰り返す

次に示した例を参考にしてください。無理のないニュートラルな気持ちになれ、「なんとなく安心感があるな」と思えたら、そこで止めます。

例：5年後には、年収1000万円になりたいと願う男性

①「私は5年後には年収1000万円になります」

（心の声：でもな……今の年収は400万円……俺に出世なんかできるのか？上司も年収は800万円にも満たないって言っているし、この会社にいたら限界があるよな……）

←　**等身大の自分を受け入れる**

②「私は年収1000万円になりたいと思いつつ、この会社にいる限りは、『正直いって無理なのでは？』という気持ちがあります。年収1000万円に近づける会社に転職できますように」

（心の声：でもな……俺、どうも人間関係が苦手なんだよな〜。新しい会社で、

またいちから人間関係を築いていくのって、なんだか面倒だし、そもそも俺はもう34歳。

転職して年収アップなんてできるのか？

同級生で今、年収１０００万円の男がいるけれど、アイツは人間関係が得意で、上司に可愛がられる性格だもんな〜。

でも、今の俺には、アイツのように上司に媚《こび》売るなんて、できそうにないな。

ああ……一体俺はどうしたらいいんだろう……）

←　**等身大の自分を受け入れる**

③「私は年収１０００万円になりたいと思っているので、転職したいと思っています。
でも、人間関係をいちから築くのは面倒だし、そもそもコミュニケーションは苦手な方です。年収アップするには、やはり人間関係がスムーズになるコミュニケーション力が必要だと思います。

周囲との人間関係がよくなるために、私でも取り組めるような方法に出会えますように。ヒントとなる人に出会えることで、人間関係がよくなる秘訣がわか

るなら、そうなりますように」**等身大の自分を受け入れる**

（心の声：よく考えたら、俺は今まであまり人間関係に恵まれなかったな……。いつも周囲に勘違いされやすかったし。実際の俺は結構繊細なのに、誰も気づいてくれないし。

ああ……そうか！　俺は周囲の人にもっと認められたかったんだな。そうか、それで金持ちになることで、注目を浴びようとしていたんだ。認めてもらおうとしていたんだ……！）**本当の願いに気づいていく**

↓

④「私の願いは実は、人から認めてもらうことでした。もっと私は人に認められてもいいはずです。私のよさをわかってくれる人に出会え、私の心が満たされますように……」

（心の声：自分の本当の願いは、人から認められることで、年収1000万円ではないってわかったけれども、やっぱり多少は年収アップしたいな。今は彼女がいないけど、将来結婚もしたいし、家族を養うのに、もう少しお金が必要になりそうだし。幸せな家庭も築きたいな……）**本当の願いに気づい**

ていく

←

⑤「私のよさをわかってくれる人なら、男女問いません。そういう環境になるようにしてください。もちろん私にもできる方法で、コミュニケーション力が身につくように努力はします。そのうちに、そんな自分のよさをわかってくれる女性に出会えますように。私もその女性のよさをわかってあげられるように、コミュニケーション力をアップしたいと思います。
私が幸せな家庭を築ける準備が、金銭面も含め、少しずつ整っていきますように。

自分が幸せになる年収がわかっていきますように。

そうなることを信じられますように」

（心の声：うん、これが今の俺の心境にピッタリだ。なんだか安心してきたな……）**本当の願いに気づいていく**

コツは、安心できる言葉で締めくくることです。覚えておいてくださいね。

人生を変える「魔法の言葉」作成法　2日目以降

1日目で出来上がった最後の文章（安心できると感じて止めた文章）を掘り下げていきます。2日目以降は何日かけても大丈夫ですが、ある程度集中して作成するのも効果的ですので、1週間以内に終えることを目標にしてもいいでしょう。

この、長文の魔法の言葉は、書く過程で、自分自身が納得していくこと、納得感が得られることが大事です。書き進めるごとに、心の振り子の揺れが小さくなっていくイメージで取り組んでみてください。

〈手順〉

① 1日目の最後の文章を、ノートの違うページに書き写します。この文章に2日目以降は、どんどん書き足していきます。終わる頃には長文が出来上がります。

②次ページからの「質問例」を参考に、あなたの人生を振り返ったり、未来の環境を描いていきましょう。すべての質問を考えなくてもよいですが、「質問6」だけは必ず最後に考えて書いてください。

質問の答えを①の文章の後に書き足し、浮かんできた言葉を書き留めていきましょう。これもきれいな文章である必要はありません。

心のつぶやきを、浮かんでくるままに書き留めてください。文章の書き方が一貫している必要もありません。ときには、ですます調になったり、ときには断言したり、ときには詩のようになってもよいのです。

2日目にすべての質問に答えて、書き足してもよいですが、毎日少しずつ書いていく方が、「納得度」が違います。

時々、心の抵抗が起きることもあります。その場合は、「抵抗」を認めたうえで、「抵抗が減る言葉」を書いていき、ニュートラルな気持ちになることを目指しましょう。

質問例

質問1：①の文章を読んでから考えてみてください。
あなたが、その理想の状態を願う理由は何ですか？

〈解説〉

思うままに書くのがコツですので、前後が矛盾していても構いません。心の声を思いつくままに書く方が本音に近づいていきます。

書いていくうちに、次々と言葉が出てきて、どこで止めていいのかわからないこともあるかもしれません。この場合、時間を決めて終わらせて、次の日に続きをやっても大丈夫です。深い部分に気づいたら、自分で自分に質問していって、進めていってもよいです。ここで紹介されている「質問例」を参考にしてもよいですし、どちらでも構いません。①は、自分の心にあるものやその背景に気づいていく、きっかけの文章になります。
それでは、1日目にたどり着いた文章（P143⑤の文章）を元に進めていきましょう。

例：①「私のよさをわかってくれる人なら、男女問いません。
〜中略〜
私が幸せな家庭を築ける準備が、金銭面も含め、少しずつ整っていきますように。自分が幸せになる年収がわかっていきますように。そうなることを信じられますように」（P143⑤の文章）
←

①を願う理由

「これを望む理由ですが、私のよさをわかってくれる人がいる、と思うと安心できる気がするからです。今までの私は、何かするたびに、失敗したらどうしよう、認めてくれなかったらどうしよう、と人目を気にすることが多くありました。でも、失敗しようが成功しようが、私を理解してくれる人がいると思うと、そういうことさえも気にならなくなるからです」

（心の声：あ、そうか！　俺はきっと、無条件に自分を受け入れてくれる人を求めていたんだな。

無条件に受け入れてくれる人がいたら、安心できるな。

でも、待てよ。

俺は今まで、人を無条件に受け入れるということをしたことがあるだろうか？

ない……かもしれない。いや、ないな。

いつも、無意識で人を批判していたかもな……。女性に対しては結構厳しかったかもしれない。

「もっと気を使えよ」

「そんなんだから彼氏できないんだぞ」

「なんだ、その言葉の使い方。もっと優しく言えよ」

とか。

なるほどな〜。結構、人に対して、特に女性に対して厳しいかもしれない。

なんでだろう……。まあ、今日はこのへんでやめておこう）

質問2：あなたが、これまで書いてきたことを眺めてください。そこに書かれていることと、親や育った環境などによって刷り込まれた「思考パターン」は何か関連がありそうですか？　もしあるとしたら、なんですか？
質問に答えた後は、あなたが安心できる言葉、選択肢を広げる言葉も考えてみましょう。

（解説）

今まで書いてきたことと、親や育った環境などによって刷り込まれた「思考パターン」を振り返る

「今日は続きを書きます。昨日まで書いてきたことを眺めてみると、自分は無条件に受け入れてくれる人を望んでいると気づきました。でも、そもそも自分は、人を無条件には受け入れたことがなかったかもしれないです。特に女性には厳しいかも、と気づきました」

（心の声：親や育った環境を考えてみると、母親が俺よりも弟を可愛がっていたことが関係あるかもしれない。いつも弟と比較されてたんだよな……。自分にも言い分があるんだけど、全然耳を貸してくれなかったと思う。弟と喧嘩しても、いつも弟の味方になって、俺は批判ばかりされていたな。

最後はいつも「お兄ちゃんなんだからガマンしなさい！」だもんな。俺の気持ちも少しはわかってほしかったよ。全然、俺のことをわかってくれてなかったよな。

あ〜、なんか胸がムカムカしてきた！　チクショー！

そういえば、母親に対してもそうだけど、女性に対して、いつも「わかってくれない」と思う気持ちがあったような気がする。男性に対してもそう思うけれども、女性の方が断然多いな……。

そっか、そっか……俺のこういう気持ちのルーツは母親だったのかもしれないな。

よし、ここで自分が安心する言葉を考えてみよう。それと、選択肢を広げる言葉だったたな。考えてみよう）

（注：語尾を「〜かもしれない」「〜気がする」と書くことで、心の抵抗が減りやすくなります）

「俺は今まで、人に対して、『わかってほしい』という気持ちがありました。そこが満たされないので、自分も人のことをわかってあげよう、という気にはなれなかったのかもしれません。

でも、俺は変わりたいと思っています。変われるのか、まだ半信半疑なのが正直な気持ちです。でも、変わりたいという気持ちは本当です。

この気持ちが、少しずつ現実化できるようにしてください。

いつの間にか、過去の影響が少なくなっていきますように。

俺にも人をわかってあげられることがある、と信じられますように。

人間関係の中で、互いに『わかってあげられる』ということを感じていけますように。

どちらが最初でも構いません。俺が誰かをわかってあげられる経験をして自信になってもよいし、誰かが俺をわかってくれることで、俺が安心できるかもしれません。

きっかけはなんであれ、いつの間にか、俺の過去の問題から卒業していけますように。それを信じられますように」

（心の声：よし、今日はここまでだ）

ここからは、さらに気持ちを掘り下げられる質問を紹介していきますので、「魔法の言葉」を作成する際の参考にしてください。

質問3：あなたが、過去に傷ついた経験や、変わりたいと思ってもなかなかうまくいかなかった経験を思い出してください。
そして、未来に同じ経験をしないためには、どんな条件が備わっているとそれが可能になるのか、考えてみましょう。
文章の最後では、自分が安心できる言葉は何かも考えてみましょう。

質問4：あなたが、過去に人に褒められた経験や、自分で密かに得意だと思っていること、好きだと思っていることを考えてみましょう。

あるいは、自分で自分を認めてあげられそうなことを考えてみましょう。些細なことでも構いません。今、ここで変わろうと思っている、というその気持ち、このワークに取り組もうとしていること自体も認めてあげてくださいね。

あなたはもう理想の未来に近づいていますよ。

質問5：あなたが理想とする未来の生活を描いてみてください。どんな要素があなたを安心させていますか？　どんな要素があれば、あなたは満たされている、と思っていそうですか？　どこに住んでいますか？　仕事はどんなことをしていますか？　どんなふうに人と関わっていますか？　あなたが人にしてあげられることはなんですか？

文章の最後に、あなたが安心できる言葉を書いてください。


質問6：今まで書いたことを振り返り、今日から続けられる「第1歩」はなんなのか考えてみてください。これは小さな些細なことほど、よいのです。大きなことではなく「小さな第1歩」を考えてください。

そして最後の文章に、理想の未来に近づいていることを書いたり、選択肢を広げる言葉を書いて締めくくってください。

あなたが安心できる言葉であるなら、どんな内容でも構いません。

シーン別　言葉の選び方

①願いが叶うことを自分自身が信じきれていないと感じる場合

「信じられますように」「それを実感できますように」「実感できる第1歩を踏み出せますように」といった言葉から始めてみましょう。

②自分の思いつく以上の願いの叶え方を知りたい場合

「思いがけない方法で、それは叶うかもしれません」「もっとよい方法があるなら、気づけますように」などの表現を使ってみるのもいいでしょう。

③自分の本当の願いに気づけない場合

「もしこれが私にふさわしくない願いなのであれば、私がいつの間にか気づけますように」「人のアドバイスや出来事をとおして、私が気づけますように」と書いてみましょう。

④なかなか「自分の気持ちがわからない」という場合

「今はまだ自分の本当の気持ちに気づけていないようです」などと書き出し、「もし、心の奥底で気づく準備ができているのなら、私がそれを受け取れるような出来事を起こしてください」「まだ気づく準備ができていないのなら、私に気づく勇気をもたらしてください」などと書いてみるといいでしょう。

「魔法の言葉」が完成したら？

ここで、よくいただく質問にお答えします。

《質問①》「魔法の言葉」を書いた後、見直したほうがいいのですか？

《答え》

基本的に自由です。毎日見てもいいですし、思い出したときに読み直してもいいです。特に、人生を変える「魔法の言葉」は、長文になることが多いでしょう。**一番大切なことは、「書いている最中」「言葉を探している最中」で様々なことに気づいていく「過程」**です。その中で「自分が納得していくこと」そのものが心の深い部分に届くのです。

ですから、じっくり時間をかけて言葉を探し、その言葉に納得した場合は、極端な話、もう二度と読み直さなくてもよいのです。私も長文の「魔法の言葉」は、一度書いたきり、読み直しませんでした。その年の年末の大掃除の際に、紙を発見して「すべて叶っていること」に自分が一番驚いたほどです。

《質問②》書いた後、声に出して読んだ方がいいのですか？

《答え》
声に出しても出さなくてもどちらでもよいです。声に出した方が「やった感じがして安心する」という方は声に出して読んでみてください。

Magic 8

心を整えていく「魔法の言葉」を作ってみよう～ワーク3

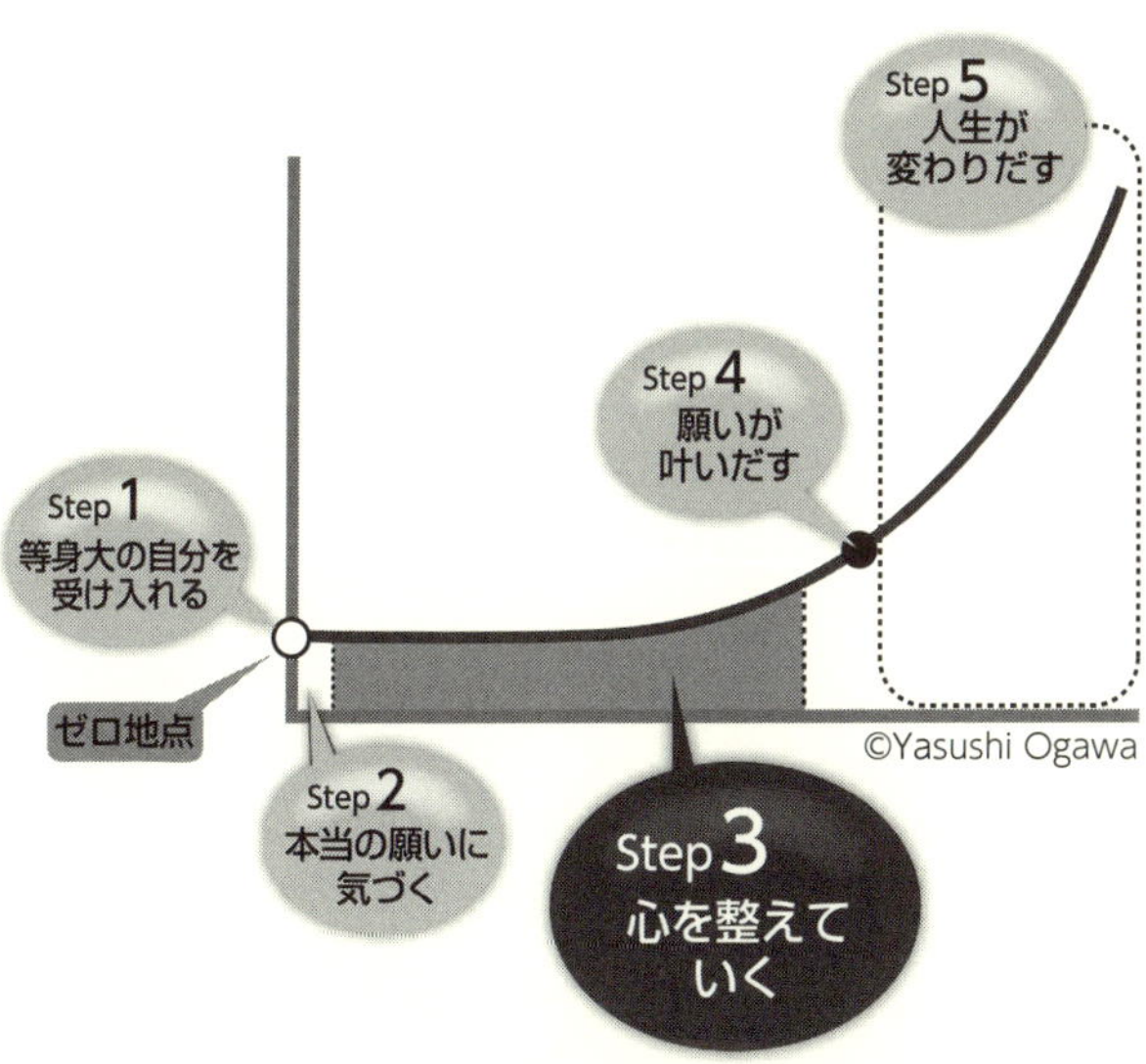

「魔法の言葉」で心を穏やかに保っていく

ワーク1、2に取り組んで、あなたの「ゼロ地点」は見つかりましたか？

ここからは、「ゼロ地点」から出発して、あなたの心をニュートラルに整えていき、願いが叶いやすくなっていく状態を作っていく「魔法の言葉」をご紹介します。

「心の振り子」の揺れを小さくし、「心の土台」をしっかり固めていくプロセスです。二次曲線でいうと、Step3にあたります。

この時期の長さは、人によって様々です。

土台を作る時期ですから、じっくり時間をかけて進めた方が、確実に器が作られていくでしょう。

太陽の光を浴びたり、時間をかけて土の中からしっかり栄養を取り込んでこそ、地面にしっかり根を張った大木が育つのと同じです。

ゼロ地点でいったん、心の振り子をニュートラルにしたとしても、何かネガティブなことがあれば、振り子は再び揺れ始めるものです。

人が生活していくうえで、人との関わりを避けることはできませんし、それにまつわるストレスも少なからずあるでしょう。

なかなか事態が進まず、焦ることもときにはあるでしょうし、どうしてよいのかわからなくなることもあるでしょう。

そんなときは、簡単な「魔法の言葉」を作って、心を整え、振り子の揺れを減らしていくことができます。

心の振り子の揺れを早く戻すことができ、それが積み重なると、そもそも振り子自体、揺れにくくなっていきます。

次第に、どんな出来事も前向きにとらえることができるようになり、不意の出来事にも落ち着いて対応できるようになっていくでしょう。

自分の心とのコミュニケーションがうまくいくと、人とのコミュニケーションもスムーズになり、より豊かな人生が開けます。


そして、様々な体験を積み重ねていく過程で「自信」が身についていきます。

その頃になると、「プラス思考」もすんなり心に入る土台が出来上がっています。


Step1とStep2でゼロ地点に戻ったら、Step3で日々の小さな「ゼロ地点」を積み重ねながら前に進んでいく。

その延長線上に、願いが叶いだすStep4があるのです。


ここでの魔法の言葉は、心を整えていく日々のメンテナンスが目的ですので、毎日その内容が変わっても大丈夫ですし、時々見直して、変えることも可能です。

むしろ、Step3の時期の魔法の言葉は、心の状態に寄り添って変化させることで効果を発揮します。

心を整えていく「魔法の言葉」作成方法

では、心を整えていく「魔法の言葉」の作り方をご紹介します。
これまでご紹介したゼロ地点に戻るための、本当の気持ちを知る「魔法の言葉」（Magic5／ワーク１）と人生を変える「魔法の言葉」（Magic7／ワーク２）と本質は同じですが、よりシンプルな構造です。

①まず、現状を認める（感情、状況など）
②自分が安心できる言葉

これだけです。

例えば、あなたは今38歳で、会社員だとします。

これまで魔法の言葉を作成する中で、本当は独立して自分でカフェを経営したい、と思っていたことに気づいたとします。

ところが、気に入る物件の情報を集めたり、カフェをやっている知人を訪ねていったり、動いていくうちに、当初のワクワクした気持ちよりも「収入への不安」が出てきました。

会社勤めで毎月安定したお給料が入ってくることに慣れてしまっているあなた。

・本当に会社を辞めてもいいのだろうか?
・安定した収入を得ることができるのだろうか?
・失敗して、会社の同僚に「やっぱり」と笑われたら悔しい
・開業資金を集めることができるのだろうか

こんな不安を抱くようになるかもしれません。

そうしたときは、例えばこのような文章を作ります。

①まず、現状を認める（感情、状況など）
↓私は1年後に脱サラをしてカフェをやっていきたいと思っています。
でも、お金の不安を最近感じるようになりました。
時々、いてもたってもいられなくなります。

②自分が安心できる言葉
↓どうか、このお金への不安が「少しずつ」減っていきますように。

①では、今感じている状況を素直に書きます。
②では、心の抵抗が起きないように、「少しずつ」という表現を使います。

今まで安定した収入が入ってきた人にとって、それが急になくなり、自分の力で収入を得ていくことに対して、不安を感じるのは当然のことです。

ですから、「少しずつ」という言葉を使うことによって「今は不安でいっぱいだけど、それは当たり前のこと。独立に向けて動いていく中で、徐々に不安が減っていけばいいや」と安心できるようになるのです。

ポイントは「それだったら、できるかも」「可能かも」と思える言葉を使うことです。「いつの間にか」という言葉も同様の趣旨でお勧めです。

あるいは、選択肢を増やすように視点が広がる言葉を使うのもいいですね。

「今は、〇〇という形で開業資金を作ろうと思っていますが、もし他の手段があるのならその方法に巡り合えますように」

「一緒にカフェを経営したい、という人に出会うことで、お金への不安が減る可能性があるのなら、そういう人に出会えますように」
「上手な経営法を教えてくれる人に出会うことで、私の収入が安定する可能性があるのなら、そういう人に出会えますように」

こんなふうに、あなたが安心できるような言葉を、探してみてください。

シーン別　言葉の選び方

次に挙げる事例を参考に、ご自身でも「自分だけに合うピッタリの言葉」を見つけてみてください。

感情の揺れが収まらないと悩んでいるとき

心の振り子の揺れを鎮めることに意識を集中しすぎると、逆に「揺れることはいけない」という新たな抵抗を生み出します。

そこで「揺れてはいけない」ではなく「揺れることで正解に近づいていく」と現状を認める方向で考えてみましょう。

①感情が揺れ動くたびに、いつの間にか自分の求めているものが明確になっていきますように。その過程が自分軸を作っていることに、私は気づいていきます。

②私が今感じているどんな感情も、私の本当の願いに気づかせてくれます。気づくことで自分の成長に繋がるエネルギーの使い方が身についていきますように。

③感情の揺れ動きを体験していくうちに、少しずつ、「今」の私にとって、必要なものと必要でないものを、見極めていけますように。

④今、体験していることをとおして、自分自身への理解が深まり、核心に近づいていきますように。

⑤自分への理解が深まるほどに、新しいステージに移行することがスムーズになりますように。

自分の未来が信じられなくなったとき

色々な体験をしたり努力を重ねても、目に見える明確な結果が出ないと、不安になるのが人というものです。

そこで、「一見、何も結果を出していない行動」が、未来の結果に繫がっていることを信じられるような言葉を作成します。

①どんな経験も、自分の願いが叶うことに繫がっていると信じられますように。信じられる出来事を引き寄せてください。

②今、私が経験していることは、私が意識さえすれば、すべてが目指すひとつの方向へ繫がっていきます。

③私の今までの経験は、私を次のステージへと後押ししてくれるパワーに変換されつつあります。私が前に進むための必要な要素と、ほんの少しの勇気がもた

らされますように。

④自分に自信を持てる出来事が起きますように。

⑤今まで経験してきたこと、悩んできたこと、そのすべてが今のかけがえのない私自身を創ってきました。ここまで来たすべての道のりに感謝できますように。

コミュニケーションをもっとスムーズにしたいとき

コミュニケーションをスムーズにするコツは、自分を縛っている「自分のコミュニケーション力に対しての思い込み」と「人に対しての思い込み」を減らしていくことです。

①自分自身に対して、今までとは違った見方ができていきますように。

②人に対して、今までとは違った見方ができていきますように。

③自分の中にある素直な気持ちが育っていきますように。

④自分の思いと、人の思いを調和させていく「言葉の使い方」がわかっていきますように。

⑤自分の本当の思いが伝わるような言葉がわかっていきますように。

⑥自分の気持ちが相手にわかってもらえるという体験が増えていきますように。

新しい変化に対応できる心を育てたいとき

変化に柔軟になり、新しいものを受け入れる器が育っていくことで、Step3（心を整えていく段階）はスムーズに進んでいきます。長年の習慣を変えることを含め、変化することに抵抗を感じる方も多いのですが、そうした抵抗を減らすことができる言葉です。

①私には今、新しい変化が訪れています。その変化は私に成長をもたらします。それを信じられますように。

②新しい変化を受け入れる器が育っていきますように。

③変化と一緒に、私の才能が成長したり、過去の経験が役に立っていきますように。

④今まで私が体験してきたことと、新しい考え方が融合することで、私は思いがけない展開を手に入れます。

⑤変化に伴う葛藤を乗り越えられることを信じられますように。

あなたが今、どんな出来事に遭遇し、どんな気持ちでいたとしても、
その経験すべてが、あなたにとっての
「よい変化」に繋がっています。

あなたが、そのことを理解したとき、
あなたがどんな状況であれ、「安心感」がもたらされるでしょう。

自分にとってよい変化が起きるとき、
しばしば、その変化が起きるまでの間に準備期間が用意されていることがあります。

現状で起きていることと、心で願っていることにズレを感じ、葛藤を感じることもあります。

今、自分がいる状況に、多くの人が関わっているほどに、自分ひとりではもはやどうしようもないとあきらめ、言葉にならない悲しみや怒りを感じることもあります。

でも実は、それはチャンスなのです。

もっと自分にはふさわしい人がいるはずなのに。
もっと自分にはふさわしい環境があるはずなのに。
もっと自分はやりたいことのために、力を発揮できるはずなのに。

私は幸せになりたい。
そう願い続けながら、日常のあちこちに、ほころびを見つけ、
それを直すことに一生懸命になり、
あるいは、ほころびに気づかないフリをして、
誰かを助けることで気を紛らわし……。

ふと気づくと、周囲の人と比べて落ち込んでしまったり、
どこか拭いきれない、説明できない不安を密かに抱えていることに、
あるとき気づいたり。

でもこうした葛藤は、自分自身を自分の中の真実に気づかせる、
粋な計らいであることが多いのです。

自分にとってよい変化がもたらされるとき、
その過程で「よい」と「悪い」がごちゃまぜになって、
目の前に現れるということがあります。

なぜなら、感情の揺れ動きの狭間で、
姿を現すものの存在に、次第に気づいていくからです。

寄せては返し、また寄せては返す感情の波の間で、
あなたの心の奥にあるものが、次第にシンプルな形になって姿を現し、
ある瞬間、月の光でくっきりと映し出された「自分の中の真実」が、
見えてくることでしょう。

一見よいことに見えることも、一見悪いことに見えることも、
「ただひとつの真実に向かって作用していただけだ」
と気づけたとき、
自分の中にある真実が、
他人の中にも映し出されていることに気づいたとき、
あなたはそのとき、素直な気持ちで、自分の真実を受け取ることができます。

それは最初にあなたが思ってもみなかった形かもしれませんが、
あなたはとてつもない安心と安らぎを感じ、
同時に勇気が湧いてくることに気づきます。

だから、あきらめないでください。

あなたが、自分の中の真実を受け取ろうとするのなら、
いくつもの日常的な出来事が、目に見えない連携をとっていて、
今のあなたのその状況を奇跡的に解決する準備は、
気づかない間に整っているのです。

謝辞　人は必ず、自分だけの「魔法の言葉」を持っている

最後までお読みいただき、本当にありがとうございます。

5年以上の時間の流れの中で、魔法の言葉とともに、私は成長することができました。それは、私の器の拡張に応じて、無理のない形での成長でした。

魔法の言葉の力は、これからも形を変えながら、私の人生に必要なことをもたらしてくれることでしょう。


あなたが、どんなに自分をダメだと思っていても。

あなたが、どんなに今がつらいと思っていても。

あなたが、どんなに今は幸せではないと思っていても。

等身大のあなたに出会えたならば、必ず「魔法」は効き始めます。

あなたにぴったりの形で、あなたにしか経験のできないことを、あなたに必要なタイミングで、あなただけのストーリーがその瞬間から始まります。

あなただけの魔法のストーリーが、あなたらしい輝きを放ちながら進むことでしょう。私はそれを信じています。

魔法の言葉は驚くほどに、あなたの人生において、ぴったりのペースで効いていきます。

この本が世に出るのも、まさに「ぴったりのタイミング」だったのだと思います。

そして、必要な人とのたくさんの出会いが、この本の誕生を後押ししてくれました。

この本の出版にあたり、関わる様々な方たちとのご縁を繋いでくださった、プロデューサーである（株）ＭＴＳの小川泰史さんには、特に最初から最後までお世話になりました。出会ったとき、私の手法の本質をその場でわかりやすく図に表現してくださいました。元トップセールスの交渉術や世界レベルのプレゼンテーション大会で培われたスキルで、私のメソッドを書籍化するにあたり、凄腕のプロデュース能力を発揮してくださいました。

(株)MTSの葉山直樹社長にも深く感謝申し上げます。私の手法を広めたいという小川さんの思いを受け止めてくださいました。とてつもない大きな包容力と、温かさがベースにある厳しさのおかげで、様々な局面で助けられました。人の成長を信じるその姿に、いつも学ばせていただいております。本当にありがとうございます。

小川さんを私に紹介してくださった、札幌の「中野会計事務所」の鹿内幸四朗さんは、その人に一番必要な人が誰なのかをすぐに見抜き、ご縁を繋ぐ達人です。そして、私のビジネスの師匠でもあります。「その人が一番してほしいこと」を真っ先に考える大切さを、私は鹿内さんから学びました。いつもいつも陰ながら応援してくださり、ありがとうございます。

私の電子書籍を読んでくださった後に、すぐ「私と一緒にセミナーをしましょう」と声をかけてくださった珠帆美汐さん。私にセミナー講師をする能力があることを見出してくださいました。コーチでありながら、北海道の数多くのセミナーの開催を成功させている珠帆さんに「あなたはセミナーをするだけのコンテンツがある」と認めてもらうことで、私は大きな自信をいただきました。あれからセミナー講師への道が始まりました。ありがとうございました。

時枝宗臣さんのインターネット教材に出合ったことがきっかけで、パソコン音痴の私が、ブログを開設することになりました。お会いしたことはなかったのですが、私のビジネスの師匠だと勝手に思い続けてきました。教材の背後にある「人を大事にする考え方」「顧客視点」は、ビジネスを全く知らなかった私に、大きな影響を与えてくださいました。ブログを書くことでファンを作れるようになったのも、時枝さんのおかげです。4年後、様々な偶然が繋がり、実際にお会いできて光栄でした。魔法の言葉の力を実感した瞬間でした。

そして、私に潜在意識やアファメーションについての知識を伝授してくださった師匠。ブログ開設当初に作成した魔法の言葉が、なぜあれほど効いたのか、その伝授された知識を通じて納得することができました。必要なときを経て、師匠とも出会うことができましたね。いつも惜しみなく私に教えてくださり、本当にありがとうございます。本書に書かれていることは、私が師匠から学んだ考えを、私の体験に基づいて育てたものです。

フォレスト出版の杉浦彩乃さん、ご縁を繋いでくださった藤田大輔さん、大変お世話になりました。本の出版が初めての私に、色々と惜しみないアドバイスをしていただき、心強かったです。当初の内容が大幅に変更になったときにも知恵を貸してくださいました。

一冊の本が完成するまでには、様々な分野の方が関わり、力を合わせ、そしてようやく世に出ます。その過程に関わったすべての方にお礼申し上げます。

私の本を書く源になった、たくさんのクライエントさんやセミナー・講座の受講生のみなさん、一緒に感動の体験を積み重ねてくださり、本当にありがとうございます。その体験がなければ、私は本を書くことができませんでした。いつも直接的、間接的に私を応援してくださり、何度も励まされました。これからもどうぞ宜しくお願いします。

そしてブログの読者のみなさん、どんどん変化していく私の姿を楽しみに、読んでくださり、ありがとうございます。ブログを書くことが私の原点でしたが、電子書籍執筆、セミナー講師、養成講座開講、そして本の出版……と、様々な変化の中で、天職に出会え、夢を形にしてきました。読んでくださる方がいてこそ、私は変化を遂げられたのだと思います。これからも変化し続ける私を楽しみにしていてください。

その他、書ききれないほど、たくさんの方にお世話になり、この本が生まれました！関わってくださったすべての方に、心からお礼申し上げます！

最後に、この本をとおして出会えたあなた。出版を通じて、多くの人が自分だけの「魔法の言葉」を見つけてくれたら嬉しい。そういう思いでこの本は始まりました。あなただけの魔法のストーリーが紡がれていくことを、心から応援しています！

2012年12月吉日　札幌の自宅にて

参考文献　ロバート・シャインフェルド著『第11番目の鍵』ＰＨＰ研究所

〈著者プロフィール〉

佐藤由美子（ハーモニー）

札幌市生まれ。北海道大学法科大学院修了。

言葉の力で人生を好転させるコンサルタント。従来の常識を覆す「ハーモニー式　魔法の言葉」を使って願い実現のための引き寄せを意図的に発動させるサポートをしている。

35歳のとき、法律家になるという目標を見失い、無職、無収入、貯金数万円、無人脈、会社勤めゼロの絶望状態から、ブログを始める。その直後に「7日間かけて書いたある言葉」がきっかけで、次々と予想外の引き寄せが起きることを自身で経験する。

さらに、ブログを書きながら「人の心をつかむ文章の力と、願いを実現させる言葉の共通点」を発見していき、人生を逆転させていく中で、潜在意識と言葉の力の構造を組み合わせた「ハーモニー式　魔法の言葉メソッド」を開発。願い実現を5つのステップに分け、段階に応じて言葉を使い分けるのが特徴である。

高額なセッション・セミナーが常に満席。4年半でのべ2000人の願いを実現、クライエントの多くから「まるで魔法にかかったように人生が変わる」と絶大な信頼を得ている。

「異例の昇進をしました！」「結婚しました！」「事業がうまく行きました！」「独立してメンターに出会い人生が変わりました！」などの成功報告が多数届き、確実に変化と結果を出すコンサルタントであると定評がある。

「言葉・文章の天才」「言葉の魔法使い」とも呼ばれている。

現在は、後継者の育成に力を注ぎ、養成講座を各地で満席にし続けている。

http://www.mahou888.com/

編集協力／田中美和
装丁／坂川栄治＋永井亜矢子（坂川事務所）
本文デザイン／二神さやか・山口良二
DTP ／山口良二

世界に1つ　あなただけの「魔法の言葉」

2013年3月4日　　初版発行
2013年3月21日　　2刷発行

著　者　佐藤由美子
発行者　太田　宏
発行所　フォレスト出版株式会社
〒162-0824 東京都新宿区揚場町2－18　白宝ビル5F
電話　03-5229-5750（営業）
　　　03-5229-5757（編集）
URL　http://www.forestpub.co.jp

印刷・製本　　シナノ印刷株式会社
カバー印刷・加工　太陽堂成晃社

ISBN978-4-89451-553-6　Printed in Japan